晚清民初

魔幻守護者

陳昀秀／著

徐啟鈞／繪

三民書局

國家圖書館出版品預行編目資料

晚清民初魔幻守護者 / 陳昀秀著;徐啟鈞繪.－－
初版一刷.－－臺北市: 三民, 2018
面; 公分－－(兒童文學叢書/歷史遊戲王)

ISBN 978–957–14–6348–3 (精裝)
1.晚清史 2.民國史 3.通俗史話

627.6 106020733

© 晚清民初魔幻守護者

著 作 人	陳昀秀
繪 者	徐啟鈞
企劃編輯	蕭遠芬
責任編輯	呂孟欣
美術設計	吳柔語
發 行 人	劉振強
著作財產權人	三民書局股份有限公司
發 行 所	三民書局股份有限公司
	地址 臺北市復興北路386號
	電話 (02)25006600
	郵撥帳號 0009998–5
門 市 部	(復北店) 臺北市復興北路386號
	(重南店) 臺北市重慶南路一段61號
出版日期	初版一刷 2018年1月
編 號	S 630481

行政院新聞局登記證局版臺業字第○二○○號

有著作權·不准侵害

ISBN 978–957–14–6348–3 (精裝)

http://www.sanmin.com.tw 三民網路書店

※本書如有缺頁、破損或裝訂錯誤,請寄回本公司更換。

歷史遊戲王

　　「你喜歡歷史嗎？」問到這個問題，大概搖頭的人比點頭的人多吧！老師上課，只要一講到課本中的許多人名、地名，很快就會把大家的瞌睡蟲給招來了。

　　「這怎麼行！」一群熱愛歷史的叔叔、阿姨聽到馬上跳起來，大家七嘴八舌，決定進行一場神祕任務，讓小朋友重新認識歷史，並且愛上它。

　　「該怎麼做呢？」我們想到把歷史和小朋友最喜歡的遊戲結合起來，推出一系列的「歷史遊戲王」，把中國歷史變成各式各樣有趣的遊戲：

　　你可以在夏、商、周大玩**疊疊樂**，看看古人如何建立社會制度，再變身為新時代；

　　在秦漢魏晉南北朝加入**大富翁戰局**，搶奪中國地盤上最強的皇帝寶座；

　　當然，你更要一起**大話隋唐**，跟英雄們找尋戰友，一步步踏上天下霸主的位置；

　　還有舉行歷史**爭霸戰**，宋朝、元朝的皇帝需要你來幫忙，成為擂臺盟主；來到明清時代，**職業扮裝秀**帶我們體驗，成為各行各業的達人；

　　最後，**魔幻守護者**要解決晚清民初的各種挑戰，需要你一起動動腦筋了。

　　「哇！這真是太豐富了！」雖然我們利用遊戲的概念包裝歷史，但是真正精彩、吸引人的是歷史本身。許許多多的歷史人物、故事串成歷史，而這條時間的長河，也帶著人們向前行。三民書局為小朋友量身打造這套中國歷史，希望小朋友看完了以後，可以很高興的和朋友分享：「歷史，真是超～級～有～趣～！」

推薦序

　　1902 年，德國考古學家科爾德威 (Robert Koldewey)，在今天伊拉克首都巴格達南方約七十五公里，發掘了被風沙掩埋千年的古巴比倫。走在尼布甲尼撒二世所建的壯麗城門，科爾德威在城牆上解讀出來的第一句話是：

　　「過去的一切被現在制定著，現在的一切被未來制定。」

　　遠在二千多年前，巴比倫人就意識到歷史是現代人所書寫，充滿後設與偏見。胡適則將歷史比喻成一位小姑娘，任人打扮。各朝各代，都有自己的審美取向，今人打扮古人，後人也會打扮今人。

　　爬梳前人所留下的筆跡墨痕，文字與想像所織就的虛妄，遺址與廢墟所構築的迷茫，其中有太多太多的話語縫隙，給了我們重新品讀歷史的可能，在流轉的過往中尋找新的意義。

　　對於大人而言，歷史負載了太多的使命與任務，知識面、政治面、道德面……，但歷史在孩子眼中，又是什麼模樣？

　　褪去了種種試圖加諸歷史的外衣，孩子們可以全心感受歷史的迷人之處：傳說故事的曲折離奇，引人入勝；群雄爭霸或一統帝國的雄心壯志，成王敗寇；文化藝術凝結的瑰寶，更是燦爛輝煌。歷史如同一篇篇的樂章，傳唱他們的故事。在史蹟與偉人的榮光裡，看到一個時代的理性與瘋狂，進步與反動、昇華與墮落，那是時代的聲音。

　　讀歷史，是一場遊戲。

　　在競爭與合作的趣味中，處處是人性的紋理。三民書局「歷史遊戲王」建起一座遊樂場，透過孩子熟悉的遊戲模式，傳達中國各時代的精神與歷史意義，例如用疊疊樂的概念比擬上古時代文化和制度的奠基與崩壞，又如用大富翁遊戲讓孩子了解秦漢到隋唐之間的地盤爭勝……。

　　那麼，讀歷史，有用嗎？

　　歷史不是積塵的老古董，審視那些充滿血性與骨質的細節，會令我們感受生活的炎涼與無常，人世的無情與哀傷。閱讀歷史，是一場探究人心、理解人心的冒險，是一趟哥倫布式的精神發現，穿越無知的汪洋，抵達理性、知性與感性的彼岸。

　　啟程吧！帶領孩子一同進入歷史的探索冒險！點燃他們對歷史興趣的火苗！

作家節目主持人

謝哲青

作者的話

　　中國歷史淵遠流長，漫長的歲月，走到十九世紀中葉，呈現的是一幅帝國的黃昏晚景。「黃昏」對攝影者而言，是一所謂的「魔幻時刻」。近現代中國，的確也是中國歷史上的「魔幻時刻」，幾乎每十年即有戲劇化的變革。當傳統已經無法適應新時代，對外戰爭節節敗退，有識之士在面臨困局的景況下，仍力圖為衰老的中國尋找一條新的出路。

　　中國近現代史總縈繞著國族建構的革命歷史情感，因為時間的距離太近，又挾帶著太多複雜的情感與惱人的意識型態，使得鴉片戰爭後的百年歷史是如此複雜而又令人情怯。守護者的概念，便是出自於近代歷史人物，不論大小，對自己家園、土地的一份守護情感。

　　二十一世紀的今天，是一全球化的新時代，國族革命的歷史敘事似乎已經不合時代潮流，所以本書希望能從多元的觀點來了解鴉片戰爭後的近代中國歷史發展。歷史不是單線的發展，也不是一路向前的進展，歷史的迷人之處在於它的迂迴與轉折。晚清到民初的這一段歷史，更是不乏這樣的事例。

　　清帝國到了晚期，幾乎每個層面都是問題叢生，西方各國勢力的侵略，雖然有負面影響，但也同樣帶來了許多新的因子，刺激中國政治、經濟、社會、文化、思想、教育各個層面的整體轉型。對涉世未深的小朋友來說，這段歷史顯得太過複雜而且現實。因此，在歷史敘述的過程中，我們企圖採用虛實夾雜的表現方式，提升孩子們的閱讀興趣，並且利

用卡片和插圖的輔助，讓他們能夠對一些複雜的事件或名詞
有初步的了解。透過類似卡牌遊戲的包裝方式，讓孩子們能
從趣味中了解今日的世界為何是以這樣的面貌呈現。

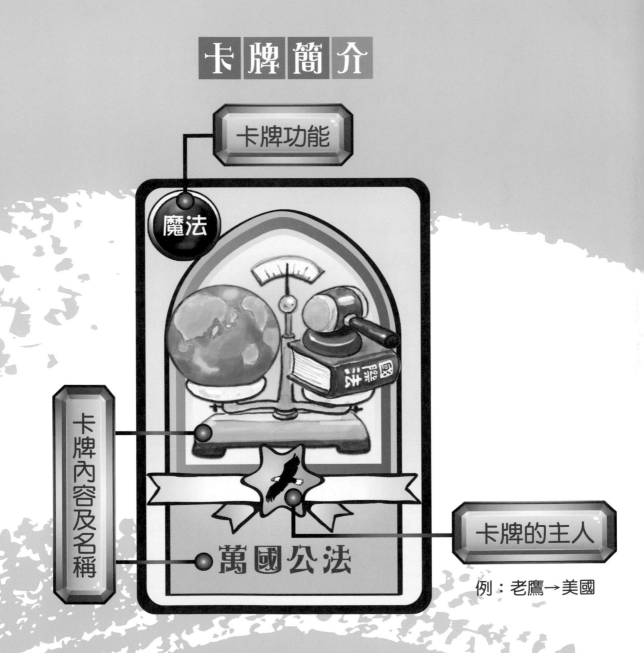

卡牌簡介

卡牌功能

魔法

卡牌內容及名稱

萬國公法

卡牌的主人

例：老鷹→美國

晚清民初 魔幻守護者

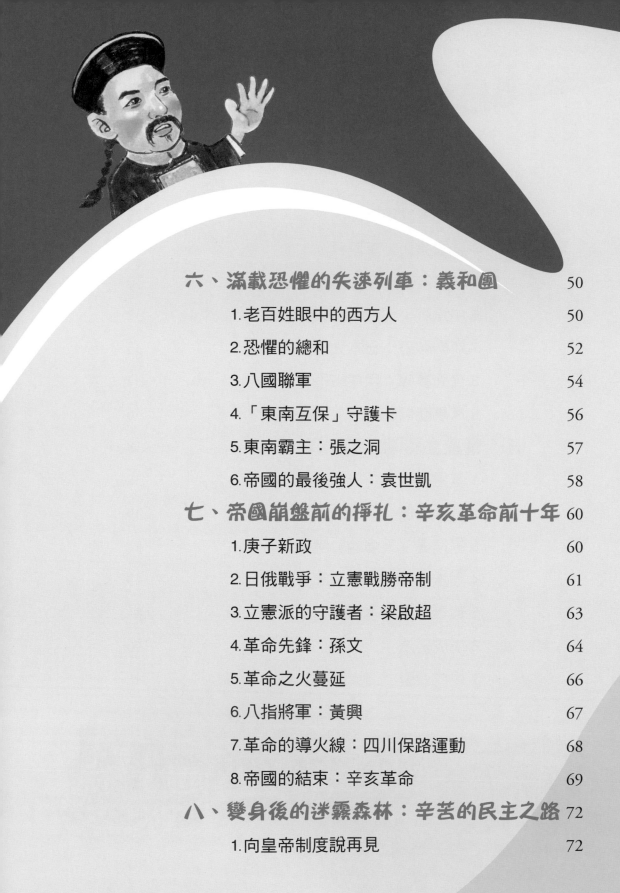

給親愛的讀者們

晚清民初，距離今天已有百餘年。當時，世界各國正處在戰亂動盪的紛擾時刻，尤其是在歐洲大陸。為了簡化紛擾的狀態，加深大家的印象，我們會把各個國家控制的土地範圍比作遊戲中的地盤，而守護這些地盤的玩家正是各國的神獸。

這些神獸的形象，可能來自於各國古老的傳說或故事，例如守護清帝國這塊古老大陸的是龍神獸，這裡的民眾深信自己是龍的傳人；英國則以象徵高貴、勇猛的獅子作為代表。

接下來，麻煩你發揮自己的想像力，和神獸及守護者們一起走進晚清民初這個時代，跟隨文字的敘述和插圖的幫忙，了解這個時代的歷史故事。

Let's Start

龍神獸在清帝國統治前期始終在天下太平的夢鄉中悠游著。這一切到了清帝國統治的後期（晚清），卻產生了翻天覆地的變化。

這一次英國人用鋼鐵打造的戰艦，滿載著大炮與火藥，將攻擊目標瞄準龍神

獸。猛烈的攻擊炮火，讓龍神獸從光輝、太平的美夢中驚醒。身為守護神獸的他，必須與迷失的守護者們，用盡全力與來自遠方的陌生人奮戰。

　　龍神獸面臨的挑戰，來自千里之外的西方國家。你知道歐洲嗎？相信你一定從地圖上看過，它位在龍神獸守護地的另外一端，坐飛機要十幾個鐘頭。在沒有飛機的年代，坐船要好幾個月，若是用走的，就得跟唐三藏到西天取經一樣，花上好幾年的時間。

　　西方國家也有著各自的守護神獸，例如英國黃金獅、法國火鳳凰、德國金鋼狼、美國飛天鷹等。十五、十六世紀開始（大約距離今天五百年前），這些神獸在遠方的歐洲大陸上發生了激烈的爭鬥，逐漸形成「現代」世界的基礎。

　　你今天所熟悉的一切，幾乎都發源於歐洲，不管是民主制度、自由經濟、文化思想，你所穿的衣服、頭髮的樣式、在學校所學的知識等等。

　　在西方各國船堅炮利的威脅下，龍神獸與他的守護者們企圖在層層的迷霧中尋找未來的新方向。現在，讓我們跟隨龍神獸與守護者們的腳步，一起踏上守護家園的魔幻旅程吧！

英國黃金獅

丹麥獨角獸

美國飛天鷹

法國火鳳凰

義大利牛

奧匈帝國貓頭鷹

德國金鋼狼

俄羅斯熊

日本大蛇

保加利亞狗

土耳其狐狸

龍神獸

一、魔鬼之花的誘惑：
鴉片戰爭

　　要了解晚清這個時代的故事，就要從一種美麗的花朵——「罌ㄧ粟ㄊ花」說起，這種花鮮豔ㄧ亮麗，也是重要的藥用植物，醫生可以用她的汁液來幫病人止痛。不過人們也叫她「魔鬼之花」，這是因為罌粟花經過加工後，就成了會讓人吸食上癮ㄧ的毒品「鴉片」。

　　這股吸食鴉片的風氣，在清帝國強盛時期比較不普遍。但到了十九世紀開始，也就是清帝國中期以後，吸食的人愈來愈多，不論是官員，還是一般民眾，都抵擋不住鴉片的魔力，願意花大把大把的銀子來買鴉片。

　　英國商人腦筋動得很快，決定在印度等地大規模種植罌粟花，大量製作鴉片，再偷偷地把鴉片運到清帝國販賣，想藉此大撈一筆。

　　鴉片就像是一張「陷阱卡」，使得愈來愈多人掉入陷阱之中，他們把房子和土地賣了，換成錢去買鴉片。再加上吸食鴉片的人會愈來愈瘦、精神變差，最後只

能躺在床上，什麼事都不能做。一旦染上鴉片，就會愈陷愈深，最後只能去見閻ㄧㄢˊ羅王了。

　　鴉片除了對個人健康有害外，還使得帝國的金錢大量流失，於是清帝國的皇帝決定要嚴禁人民吸食鴉片。皇帝禁止鴉片的行動，引起了帝國與英國的一場戰爭。這場戰爭，讓驕傲的清帝國見識到西方船堅炮利的厲害，也打開了帝國封閉多年的大門。

1. 日不落帝國：英國

守護清帝國的龍神獸始終感覺到在他太平的睡夢中，有許多其他神獸在四周蠢蠢欲動。從夢中醒來後，他才知道這些神獸來自遙遠的西方，他們除了原有的守護地外，也積極向外擴張。龍神獸張開眼睛後，才清楚地看到這些神獸擁有各種先進的武器和軍艦。

這些西方神獸守護的國家，靠著穿梭各地的新型船隻，進行商品買賣賺錢，並利用一部分的錢升級戰鬥用的武器。英國黃金獅守護的英國是當時的海上霸主，商業足跡遍布世界各地，統治的領地遍及南北半球，不管各地白天、晚上如何交替，總是有一處的英國領地受到太陽照耀，所以有「日不落帝國」的稱呼。

英國人在世界各地賺了很多錢，但在清帝國做生意有太多的限制。因為清帝國的皇帝覺得帝國內部應有盡有，什麼都不缺，不讓外國人在帝國內部自由做生意，只開放「廣州」讓各國商人進行貿易活動。對當時的英國來說，這種限制貿易的方式實在是太沒有道理了。

由於當時帝國人愛吸鴉片，賣鴉片就成了英國及其他西方國家在帝國賺錢的一個方法。

晚清民初魔幻守護者

8

2. 反毒大將：林則徐

決定要嚴禁鴉片的帝國皇帝——道光，想起一位名叫林則徐的官員曾在地方上嚴格查禁鴉片，成效不錯。他就把林則徐叫到北京來，兩人經過一番討論後，道光皇帝決定派林則徐解決鴉片問題。

滿腔熱血的林則徐帶著皇帝的命令，來到廣州展開消滅鴉片的工作。他積極收集各處情報，與地方官員聯手合作，兩個月內逮捕了一千六百多人，並且沒收了數以萬計的鴉片。

讓鴉片通通滾出去！

守護

林則徐

道光皇帝

為了展現清帝國政府禁止鴉片的決心，也為了讓那些偷運、販售鴉片的人知道，這次的行動不是作秀而已。林則徐決定在 1839 年 6 月 3 日這天展開大型的銷毀鴉片活動。當天，他命人在虎門淺灘搭起看臺，邀請廣東省的高級官員全部出席，也開放民眾參觀。

　　林則徐命人在海邊挖了三個大壕溝，把沒收的鴉片搗毀後倒入溝內，為了避免焚燒鴉片的過程中煙霧瀰漫，汙染空氣，他命人將鴉片混合水、鹽和石灰後才放火燒毀，最後讓鴉片全都隨著海水退潮流入大海。

　　林則徐公開銷毀鴉片的大動作，除了顯示帝國政府禁止鴉片的決心外，更希望藉這一次行動警告外國人不可以再把鴉片這種害人的東西賣到清帝國來。

3. 火輪船的威力

　　英國商人怎麼願意白白放棄這賺錢的大好機會，頻頻向英國政府告狀，最後英國女皇以支持自由貿易和保護英國商業利益為理由，決定派出海軍遠征清帝國。

　　在戰爭過程中，清帝國的軍隊實在敵不過新式的英國船炮。英國不一會兒功夫就封鎖了帝國南部海域，然後一路北上。

在這裡，且讓我們假想一個畫面。

英國黃金獅來到龍神獸的面前，向龍神獸說：「你守護的國家，早就跟不上時代了。你看看他們用什麼武器對付我帶來的強大軍隊。雖然這裡是你的守護範圍，但我即將在這裡建立我的地盤。」

果然，英國黃金獅憑藉著火輪船攻擊卡，炸開了清帝國的大門。龍神獸了解到若是想要守護這塊土地上的人民，必須也要有跟黃金獅一樣的軍事力量。

4.第一個不平等條約:《南京條約》

英國黃金獅擁有當時世界最強的海上艦隊,一路打到距離帝國首都一步之遙的天津。道光皇帝聽到英國艦隊已經攻到天津時,覺得這一切都是林則徐的錯,一定是他處理事情的方式有問題,於是改派另一位官員——琦善去跟英國人交涉。

為了讓英國退兵,想不到琦善竟然私下把香港和九龍半島割讓給英國,然後向皇帝回報說他們打了勝仗。等道光皇帝知道真相後,非常地憤怒,不願意承認琦善跟英國人的協議。

英國人知道皇帝不願意接受協議,便再度揮軍北上,展開攻擊。最後,道光皇帝迫於無奈只能接受英國政府開出的所有條件,也就是《南京條約》。

《南京條約》是一張比「鴉片」更厲害的陷阱卡。憑藉著這張卡,英國人從此之後可以自由自在地在皇帝開放的五大港口做生意。

除此之外,英國人還趁機追加了「最惠國待遇」這項 VIP 條款,也就是說「未來如果清帝國答應別國什麼好康的條件,英國也可以一起享受。」

這個「最惠國待遇」就像是卡牌遊戲中的魔法卡,非常的好用,它可使英國不斷增加有利的商業條件,英國黃金獅海上霸主的地位也就愈來愈穩固了。

　　看到英國黃金獅靠這兩張卡片賺大錢，美國飛天鷹跟法國火鳳凰也催促自己的守護國一起仿效。於是，清帝國只能被迫和法國、美國簽訂了同樣附加「最惠國待遇」這項 VIP 條款的條約。

　　狀況外的道光皇帝，因為不清楚西方各國訂定的遊戲規則，只好照單全收。如此一來，帝國統治者對龍神獸守護地的掌控權力不斷下滑，範圍也跟著日漸縮小。

陷阱

魔法

清帝國 VIP

南京條約

最惠國待遇

二、神獸爭霸戰：
新世界觀的衝擊

龍神獸一直是東亞霸主，甚至覺得自己是世界的霸主，他不是不知道世界上還有其他守護神獸的存在，只是以前這些神獸都沒有人敢挑戰他的地位。

所以，當英國黃金獅雄赳赳、氣昂昂來到龍神獸面前嗆聲時，他並不放在眼裡。但龍神獸萬萬沒想

晚清民初魔幻守護者

到黃金獅竟然有《南京條約》這張陷阱卡，除了讓其他神獸可以在他的守護範圍內自由活動外，還規定了他跟其他神獸之間的地位是平等的。

龍神獸的觀點就是清帝國統治者看待世界的方法。傳統的帝國觀念中，並沒有平等的外交關係，當時的人認為清帝國是最偉大的國家，所以其他國家都應該遵守清帝國規定的遊戲規則。不像生活在現代的我們都了解，每個國家之間的地位跟權力都應該是平等、自主的。

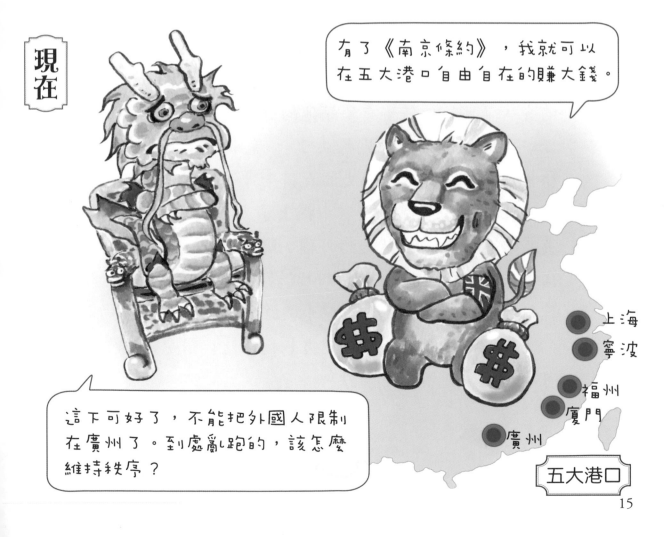

現在

有了《南京條約》，我就可以在五大港口自由自在的賺大錢。

這下可好了，不能把外國人限制在廣州了。到處亂跑的，該怎麼維持秩序？

上海
寧波
福州
廈門
廣州

五大港口

《南京條約》這張陷阱卡，改變了清帝國與其他國家之間的地位。從此之後，清帝國成為世界各國之中的一員，不再掌握國際遊戲規則的主導權，甚至要學習新的國際遊戲規則，才能在這萬國叢林中生存。

1.「師夷長技以制夷」魔法卡

　　林則徐雖然在鴉片戰爭中被道光皇帝解除官職，但是他在廣州跟外國人接觸、交涉的過程中，發現到清帝國對世界的了解太少。為了更了解敵人，他請人搜集大量資料，想要編一本介紹世界各國歷史、地理的書，並將這個任務交給了他的好朋友魏源。

　　魏源果然沒讓林則徐失望，完成了這個編書任務，記有各國地理、歷史的百科全書《海國圖志》也就這樣誕生了。魏源在書中提出了「師夷長技以制夷」的想法，「夷」就是指外國，簡單的說就是學習外國的長處，尤其是製造軍艦和武器的技術，學會以後，就能夠利用這些技術應付遠來的強敵。

　　所以說「師夷長技以制夷」就像是一張魔法卡，可以為清帝國增加防禦力。

像林則徐、魏源這樣的帝國守護者，
認為只要好好利用「師夷長技以制夷」這張魔
法卡，清帝國就能再度強盛，也可以和黃金獅等其他
神獸們對抗。可惜的是這張魔法卡並未受到清帝國統
治者們的採用。

我得到師夷長技以制夷魔法卡了！

2. 魔幻之都上海

　　還記得，英國黃金獅曾對龍神獸說他要在帝國建立自己的地盤嗎？這一天，英國黃金獅拿著《南京條約》陷阱卡跟龍神獸說：「我打算在上海劃定一塊區域專門給英國人居住生活，在這塊區域內的所有建設和管理，都由我自己決定，你不能管。」

　　就好像是英國和清帝國租了一塊土地，這土地要怎麼用、怎麼裝潢，清帝國這個房東都不可以過問，我們把這種專門區域稱為「租界」。後來各國神獸也都憑藉著他們跟清帝國簽訂的各種陷阱卡，在天津、漢口、福州、廣州等地開始建立起自己的租界。

　　租界內的景觀就像被各國神獸施了魔法一般，在原本寸草不生，荒廢已久的田地上，建立起一棟棟西方樣式的樓房，成了一座座頗具規模的西方城市。

　　到了 1860 年，上海已經從一個窮鄉僻壤的小鎮，搖身一變成為帝國中最繁華的商業城市。上海租界內有寬敞的街道，各種新式的交通工具，譬如火車、電車。還有許多新的休閒娛樂場所，像電影院、舞廳、百貨公司。許多新的事物都在租界裡開始悄悄萌芽，上海成了清帝國內的魔幻之都。在租界內發生的事，不是清帝國統治者可以隨意干預的，等於是國中之國。

三、動搖帝國的叛亂：
太平天國

　　世界上有許多的宗教，西方人大多信仰一位名叫耶和華的上帝和他的兒子耶穌，這個宗教被稱為「基督教」。他們認為耶和華是世界上唯一的神，上帝的福音應該遍及全球各地。所以當時來到清帝國的西方人，除了商人外，還有許多傳教士。

1. 上帝的第二個兒子？

　　為了宣傳上帝的福音，傳教士們在各地散發宣傳教義的小冊子。一位居住在廣州的讀書人洪秀全，也曾拿過這些小冊子。洪秀全一開始並不把這些小冊子放在眼裡，一心只想在科舉考試中取得好成績。

　　後來科舉考試再度失敗的他，大病一場，在高燒昏迷的狀態下，做了一個神奇的夢。據說夢境中，他看到一位頭髮和鬍鬚都是金黃色的老人稱呼他兒子，另外他還有一位兄長。

　　大病初癒[1]後的洪秀全，看到之前被他擱在書桌角落的小冊子，無事可做的他，為了打發時間，把書拿來翻一翻，沒想到書中的內容跟他的夢境如此相

似。他認為出現在自己夢中的老人就是上帝，而他自己是上帝的第二個兒子。於是洪秀全聲稱自己是上帝的次子、耶穌的弟弟，創立了「拜上帝會」。

2. 打倒滿人

洪秀全看到鴉片戰爭中，英國的船艦、炮彈把清帝國的軍隊打得落花流水，他覺得非常憤怒：「為什麼人數眾多的漢人，要被少數的滿人（清帝國統治者）所統治呢？」

鴉片戰爭後，清帝國開放了上海、寧波等五大港口，原本只能在廣州做生意的外國人，現在有了更多地點可供選擇。廣州的工作機會變少了，大批工人失業。再加上連年災荒，許多人吃不飽、穿不暖，有的時候還得受到地方惡霸的欺負，生活非常困難。

　　洪秀全認為這些問題：打敗仗、百姓生活困難，就是因為滿人統治失敗的關係。「打倒滿人」成為洪秀全起兵反抗政府的主要口號。而他率領反抗清帝國的人都留著一頭長髮，不綁辮子，所以被稱為「長毛軍」。

　　洪秀全說現在大家生活這麼困苦，應該要一起信仰上帝，過著不分你我，互稱姊妹、兄弟，有福同享的生活。為生活所苦的民眾們被這個美好的理想深深吸引，紛紛投靠洪秀全的拜上帝會。

晚清民初魔幻守護者

1851 年，拜上帝會的信徒愈來愈多，隨著聲勢的壯大，洪秀全任命自己為「天王」，並且將拜上帝會改名為「太平天國」。

洪秀全率領這批軍隊，從廣西一直打到南京。太平軍占領南京城的那一天，洪秀全戴著皇冠，穿著龍袍，坐在十六人才扛得動的金黃色大轎上進入南京城，將此地定為國都，改名為「天京」。洪秀全開始以南京為基地，向帝國各地進攻。

3. 湘軍隊長：曾國藩

面對來勢洶洶的太平天國，清帝國先是派出帝國的正規軍隊「綠營」迎戰。但是，作戰能力低落的「綠營」抵擋不住太平軍的攻勢，使得太平軍一路北上，所向無敵。

在帝國岌岌可危的狀態下，漢人守護者的頭頭曾國藩和他優秀的部下一起化解了帝國的危機。

曾國藩出生在湖南一處偏僻的農家，家裡沒有人中過科舉，他憑著自己的苦讀考上進士。當洪秀全的太平軍打到湖南時，他剛好人也在家鄉湖南。咸豐皇帝命令他在湖南訓練一支軍隊。於是曾國藩在湖南建立一支以師徒、親戚、好友等人際關係為基礎，並且堅守儒家信念的軍隊——「湘軍」。

當太平軍節節勝利的時候，原本保持中立客觀不介入帝國內戰的西方國家想到，如果清帝國被打敗，之前從清帝國那裡獲得的許多優惠條件可能就沒了。為了保障自己的權益，西方各國開始幫清帝國訓練新兵、提供武器，協助清帝國與太平軍作戰。

　　因為信仰的關係，太平軍到處破壞寺廟，甚至燒毀帝國讀書人必讀的四書五經，這些舉動引起相當多民眾和讀書人的不滿。加上太平天國內部，各將領之間互不信任，或是貪圖享受，使得太平天國的戰力不斷下降。

咸豐皇帝

攻擊　湘　湘軍

守護　曾國藩

1864 年，經過長達十多年的奮戰後，曾國藩終於率領湘軍攻破太平天國的首都南京城。平定太平天國的曾國藩，以及和他一起作戰的官員李鴻章、左宗棠，在這一場戰役後，成為晚清皇帝們重用的大紅人。

洪秀全大概沒有想到，「打倒滿人」的理想雖未實現，但他引起的這一場亂事，造就漢人守護者的興起。

4. 漢人守護者

滿人統治清帝國已經長達兩百多年，帝國人民其實已經習以為常。但是洪秀全「打倒滿人」的口號，重新喚起某些民眾的回憶，想起了兩百多年前滿人剛剛統治清帝國時與漢人之間的戰爭記憶。

平亂有功的曾國藩、李鴻章、左宗棠等漢人官員，在地方上漸漸形成一股新勢力。他們在自己管轄的省分內，建製造武器的機器局、輪船局，請西方人當顧問訓練軍隊，增強戰力。他們企圖在武力上能夠跟西方列強抗衡，不要再處於挨打的狀態。

龍神獸在這群漢人守護者的幫忙之下，漸漸起了變化。

四、變局的開端：
自強運動與甲午戰爭

當洪秀全帶領民眾，建立夢想的太平天國時，西方神獸們並未停止攻擊龍神獸的腳步。就在龍神獸被打到只剩半條命的時候，平定太平天國的漢人守護者們，替他注入了一股新的能量。

現在就讓我們來看看，歷史是如何發展的呢？

1. 火燒圓明園：英法聯軍

鴉片戰爭之後，英國黃金獅雖然靠《南京條約》獲得許多商業利益，但他希望清帝國能夠再給他更優惠的條件。這一次他和法國火鳳凰找了藉口，決定一起聯手出兵，展開新一波的攻擊。

就在英國黃金獅和法國火鳳凰聯手出招之時，俄羅斯熊也一塊來湊熱鬧，他跟龍神獸說自己可以擔任調停使者，勸勸英、法兩隻神獸。

沒想到，陰險的俄羅斯熊不但沒有做好調停的工作，還趁機給龍神獸一張陷阱卡，之後就趁著龍神獸沒力氣管他的時候，毫不客氣地占據了帝國在東北和西北的土地。

回頭來看，英國和法國的聯合進攻，一開始並沒有討到多大的便宜，還讓清帝國取得小小的勝利。但是，這小小的勝利卻讓英法兩國調派更多的軍隊，決定給清帝國重重的一擊。

新增援的英、法聯軍這次來到北京城外，希望可以到城內跟清帝國的官員交換條約。咸豐皇帝拒絕換約，使得雙方談判破裂。於是，英法二國便直接攻進了北京城。滿腔怒火的英法軍隊，進到北京城後，放火燒了皇帝最豪華的度假勝地圓明園。圓明園的這把火燒了三天三夜，逼得咸豐皇帝只好攜家帶眷逃往在熱河的度假山莊避難。

2. 恭親王

為了收拾善後，咸豐皇帝趕緊派出自己的弟弟恭親王去和英國、法國談判。戰勝的英、法兩國擺出傲慢的態度，恭親王只好無奈的接下英、法兩國發出的《北京條約》陷阱卡。

恭親王覺得就是因為清帝國不了解這些西方國家的遊戲規則，才會老是掉進他們設下的陷阱。他決定好好學習使用「師夷長技以制夷」魔法卡，聯合在太平天國戰事中，打勝仗的曾國藩、李鴻章、左宗棠等人，展開「自強運動」。

自強運動使用了「師夷長技以制夷」魔法卡，希望能夠向西方學習先進的軍事技術，使清帝國能夠自己製造軍艦和槍炮，好用來抵抗西方國家的武力侵略。

3. 總理各國事務衙門

為了了解西方國家在國際間的遊戲規則，並且和西方人打交道，恭親王成立「總理各國事務衙門」（簡稱總理衙門）。這個新的機構，主要任務就是負責和西方人談判、交涉，類似今日的外交部。

恭親王也在北京設立一所翻譯學校「同文館」，目的是用來培養精通外國語文的人才。這樣以後跟各國簽訂條約，就不怕再中陷阱卡的圈套。同文館之後轉變成一所西式學校，學習的科目不只限於外語，還有數學、物理、化學、國際法等科目，跟帝國傳統讀書人的學習內容有很大的不同。

總理衙門翻譯了美國法學家的《國際法原理》，以掌握西方國家的國際遊戲規則，翻譯後的書名是《萬國公法》，沒想到這本書立刻派上用場。

當時德國和丹麥爆發了戰爭，原本遠在歐洲的戰事，卻牽連到千里之外的清帝國。德國藉口占有丹麥在山東的三艘商船，丹麥急忙向清帝國求救。恭親王立刻使用剛剛學會的《萬國公法》，要求德國歸還丹麥三艘商船，並且向德國索取賠償金，順利地解決德國與丹麥在清帝國海上的糾紛。

我學會新魔法了！

魔法

國際法

萬國公法

停戰

4. 帝國強人：李鴻章

　　自強運動的漢人守護者們相信清帝國若要再度恢復往日的榮耀，要先擁有跟西方各國一樣強大的軍隊，新軍隊必須搭配強大的武器裝備，所以生產武器的軍火業成為自強運動中最重要的項目。

　　李鴻章為了讓清帝國能自行生產武器，先買下美國在上海的鐵工廠，又進口許多機器，成立了江南機器製造局，並請來外國工程師指導。除了生產槍炮子彈，也打算自己製造西式的火輪船。

展開自強運動吧！

守護

李鴻章

奕訢 總理衙門 北京 同文館

李鴻章 金陵機器製造局 南京 江南機器製造局 上海

曾國藩 安慶 安慶內軍械所

左宗棠 福州 福州船政局

　　李鴻章也是這段時間與西方接觸最多，最熟悉國際事務的清帝國官員。他一手掌握帝國的外交事務和各項新興事業，晚清最後二十年的歷史，處處可見他的身影。有人說如果晚清沒有李鴻章，可能衰敗得更快，他撐起了晚清帝國的最後一片天。1896 年李鴻章到俄國參加新任沙皇的加冕典禮時，順道參訪歐美，在西方還引起一陣旋風呢！

5. 左宗棠

　　俄羅斯熊一直對帝國的東北和西北非常有興趣。有一次，大熊侵占了新疆的一個城市伊犁，為了安撫龍神獸，他說：「只要你能夠找人收復正在叛亂的新疆地區，我就把這個城市還給你。」

　　帝國守護者之一的左宗棠便展開搶救新疆的任務，率領軍隊到新疆平定亂事，收復了幾個重要的城市。沒想到俄羅斯熊竟然不守信用，不願意把侵占的城市還給清帝國。

　　清帝國只好使出外交手段，派出大使跟俄國交涉，但這位糊塗大使崇厚竟然答應俄國不合理的要求，又要割讓土地，還要賠很多錢。得知消息的左宗棠非常憤怒，覺得俄國的行為跟強盜沒什麼兩樣。他要求改派新大使和俄國重新談判，自己則親自帶著軍隊向被俄國占領的城市進攻。

俄羅斯熊當時也在歐洲跟英國黃金獅和法國火鳳凰打仗，結果俄羅斯熊吃了敗仗，元氣大傷。看到左宗棠抱著必死的決心，連自己的棺材都已經運到了新疆，只好跟清帝國的新大使談判。左宗棠的決心和軍事後盾是新大使跟俄國談判的重要支柱。

帝國派出的新大使是曾國藩的兒子曾紀澤，他跟左宗棠兩人聯手，一個在軍事上給予威脅，一個在談判桌上據理力爭，俄國終於歸還了伊犁。清帝國的統治者也了解到帝國西北部的重要性，決定設立「新疆省」好好管理。

6. 中法戰爭

西方神獸們當時在世界各地四處征伐，積極擴張自己的守護地。法國火鳳凰一直很喜歡龍神獸守護的越南地區（今日越南北部）。1882 年，法國火鳳凰發動攻擊，打算搶走越南。

自從恭親王等人開始使用「師夷長技以制夷」這張魔法卡後，清帝國的軍隊實力逐漸提升。法國軍隊在越南的這場戰爭不像過去一樣順利，反而是清帝國表現得比較厲害，但是當時朝鮮半島也發生了狀況，無法兩邊兼顧的清帝國不願繼續打仗，讓法國火鳳凰開心的得到了越南。

晚清民初魔幻守護者

7. 新興神獸：日本大蛇

　　在龍神獸守護地的東方，是由大蛇守護的日本。他曾以龍神獸為偶像，追隨龍神獸的腳步，向他學習。但在西方神獸紛紛來到東方後，一切開始起了變化。

　　1853年，美國飛天鷹來到大蛇面前，對他說：「看看你的偶像淪落到什麼下場，如果不讓我在你的守護範圍內自由活動，那你就等著大炮落在日本吧！」大蛇當然知道龍神獸這幾十年來所遇到的麻煩，於是他只好接受美國飛天鷹的陷阱卡。

為了不讓自己像清帝國一樣，在鴉片戰爭中被炸開封閉的大門，日本決定改向西方神獸學習，讓自己變得更強，才不會被欺負。1868 年，日本全面向西方國家學習，史稱「明治維新」。

明治維新後的日本大蛇，等於經歷了一場大變身，全面向西方神獸學習後的日本，開始準備要擴張他的守護地區。龐大又衰弱的清帝國成為他想要侵占的對象，原本由龍神獸守護的琉球群島、朝鮮半島，都成了日本想要擴張的目標。

我要變強，明治維新就是我大變身的開始，你們等著吧！

8. 自強夢碎：甲午戰爭

1884 年，正當龍神獸和法國火鳳凰在越南大戰時，日本大蛇趁機在朝鮮製造混亂，這時的朝鮮半島還是龍神獸的守護範圍。為了避免節外生枝，清帝國緊急派兵處理，匆匆和日本簽訂《中日天津條約》，約定以後如果朝鮮再發生亂事，兩國要一起派兵到朝鮮。

晚清民初魔幻守護者

十年後，朝鮮發生了叛亂，日本便按照之前《中日天津條約》的約定，和清帝國一起出兵。不過，野心勃勃的日本大蛇心中其實打著另一個如意算盤。

1894 年平定叛亂後，日本提出要和清帝國一起管理朝鮮的想法。但清帝國拒絕了這個提議，並且希望日本可以趕快撤兵。想不到，日本不但不撤兵，還對清帝國發出「絕交書」。

李鴻章知道消息後，驚覺不妙，如果這樣下去，朝鮮半島就會成為日本的地盤。他開始陸續派出軍隊到朝鮮半島，但陸軍無法抵擋日本攻勢，增援的運兵船又被擊沉。最後，李鴻章只能派出排名當時世界第八的「北洋艦隊」來對付日本，但是這支艦隊從 1891 年之後，就再也沒有添購新設備。

清帝國的守護者們從自強運動以來，便一直積極修行「師夷長技以制夷」這張魔法卡。許多人也認為此時正是展現成果的最佳時機，更何況對手還是日本小老弟。但情勢的發展，卻遠遠超出他們的意料之外。清帝國的陸軍在朝鮮慘敗，李鴻章精心建設的「北洋艦隊」，也被日本完全消滅。

甲午戰爭使得自強運動近三十年的軍事成果，猶如泡泡一般，啵的一聲破掉了，號稱最新、最強的北洋艦隊全軍覆沒。這一次擊敗清帝國的，竟然是過去的小老弟，這一場敗戰，深深地打擊了清帝國的菁英與人民的自尊心。

9.《馬關條約》

　　為了收拾甲午戰爭戰敗的殘局，清帝國開始和日本展開談判，日本強烈要求他們只要和有分量的人來談，於是清帝國便派高齡七十三歲的李鴻章做為代表前往日本談判。

　　當兩方談判陷入僵局的時候，發生了一件意外的插曲。有名日本刺客埋伏在人群中，向李鴻章開槍。那名刺客聲稱，只要李鴻章一死，談判就無法進行，這樣日本和清帝國的戰爭就可以打下去，日本的擴張計畫便有達成的一天。還好子彈只射中臉頰，李鴻章保住了一條命，但暗殺事件卻讓日本政府在國際間丟臉，日本首相只好讓談判盡快落幕。

最後，李鴻章與當時的日本首相伊藤博文簽訂了
《馬關條約》，清帝國不但要賠上一大筆錢，還要割讓
臺灣和遼東半島。

　　條約簽訂後，俄國、法國、德國逼著日本把遼東
半島還給清帝國。迫於西方列強的勢力，日本只好歸
還遼東半島，換到了兩個港口和賠款。但臺灣從此成
為日本的殖民地，直到二次大戰結束。

五、帝國生存戰：

戊戌變法

　　甲午戰爭讓龍神獸親眼看到恭親王、曾國藩、李鴻章等守護者，辛辛苦苦經營將近三十年的自強運動成果，竟然敗在他從未放在眼裡的日本手上，心裡實在很難受。龍神獸難過地想著，到底還有什麼方法可以在這個混亂年代生存下去呢？

　　這時候，他來到了帝國首都北京城的上空，感受到一股巨大的怒氣。

1. 萬言書

　　這一天的北京城特別熱鬧，參加完帝國最高考試——科舉的讀書人聚在一起等待放榜結果，並且討論國家大事。就在此時，李鴻章與日本簽訂《馬關條約》的消息迅速傳回北京。

　　大家一聽到自己的國家再度簽訂割地又賠款的戰敗條約後，對帝國統治者的決定感到非常的氣憤。為了拯救清帝國，他們將救國的方法寫成一篇長長的文章，內容大約有一萬多字，所以又叫「萬言書」，獻給帝國的統治者——光緒皇帝。

　　然而，這篇救國心切的文章並沒有送到光緒皇帝的手中，時局也變得愈來愈危險。

2. 瓜分危機

　　自鴉片戰爭以來，西方神獸未曾停下他們入侵龍神獸守護範圍的腳步，時局的變化讓帝國讀書人們感到特別的緊張。

　　尤其是在甲午戰爭後，西方神獸們發覺到一隻剛變身的日本大蛇就讓龍神獸慘敗，可見龍神獸實在沒什麼實力。於是他們就開始計畫，要在清帝國的領土上大規模建立自己的勢力範圍。

我們以「瓜分危機」來形容西方神獸在清帝國劃分地盤的行為。他們就好像在切西瓜一樣，原本完整的西瓜，英國黃金獅切一塊、法國火鳳凰切一塊、德國金鋼狼切一塊，在大家的爭搶之下，清帝國的領土，可能一不小心就被西方的神獸們瓜分完畢了。

　　美國飛天鷹發現再這樣下去不行，大家各搶各的，自己能做生意的範圍反而變小了，於是使用了「門戶開放政策」魔法卡，這張魔法卡用意是希望西方神獸們不要再繼續瓜分清帝國，只有讓清帝國保持完整，大家才能獲得最大的利益，生意才能蒸蒸日上。

別分了，有錢一起賺嘛！

魔法

門戶開放政策

不過「門戶開放政策」魔法卡對清帝國的傷害很大，很多賺錢的事業都落到西方神獸手裡。龍神獸和守護者不得不思考到底還有什麼方法可以挽救帝國的危機呢？

這個問題，大家似乎在《天演論》這本書裡找到了答案。究竟《天演論》有什麼魅力，影響了許多帝國讀書人和後來守護者們的思想觀念呢？

3. 嚴復與《天演論》魔法卡

翻譯《天演論》的作者叫做嚴復，小時候家境窮困，所以沒辦法和當時的讀書人一樣，專心準備帝國的科舉考試，所以他選擇進入不用繳學費，一切由帝國政府出錢的福州船政學堂唸書。福州船政學堂是一所新式學堂，專門訓練造船、航海的人才，類似今天的專科學校。

因為造船、航海技術主要來自西方國家，所以在福州船政學堂中，學生也要學習英文、法文、數學、科學等各種西方學科，不同於只讀四書五經的傳統讀書人。嚴復選擇的是一條跟傳統科舉考試完全不一樣的道路，成績優異的他前往英國皇家海軍學校留學兩年。英國的留學經驗讓他接觸了許多新的西方思想，他想出拯救帝國衰敗的方法，也跟自強運動時期的漢人守護者們不太一樣。

甲午戰爭後，嚴復寫了許多文章，希望清帝國能夠「變法」，也就是要改變傳統的政治制度，跟西方學習。而他最重要的成就，就是翻譯了《天演論》。

《天演論》是當時西方世界相當流行的想法之一，覺得世界上的生物，為了適應環境、求生存，必須彼此競爭，只有最強的生物才能夠生存下來。意思就是說，現在存在世界上的生物，是已經受到大自然環境選擇過的。沒有辦法生存的生物，例如恐龍、長毛象等，就會被大自然淘ㄊㄠˊ汰ㄊㄞˋ，成了只能在博物館中看到的化石。

這個想法，可以簡化成八個字：「物競天擇，適者生存」，一旦這樣的想法，運用到人類的社會，只有強

快點變法圖強吧！要不清帝國就要滅亡了。

魔法

天演論

者才能生存的話，那麼衰弱的清帝國是不是也要跟著消失了呢？

戰爭的失敗、列強瓜分帝國的危機，都讓讀書人和民眾感到愈來愈害怕。《天演論》出版後，馬上占據了當時暢銷書排行榜的第一名，「變法」成了帝國生存戰的關鍵字。

而引領這波變法運動的是寫出救國文章的康有為和他的學生們，他們在光緒皇帝的老師幫忙下，展開了一場清帝國的變身計畫。

4. 變法運動設計師：康有為

康有為是一位熟讀傳統四書五經的儒學大師，但是他考了很多年的科舉，卻始終沒有很好的成績。所謂「讀萬卷書不如行萬里路」，除了讀書之外，康有為也喜歡四處旅行。有一次他來到了魔幻之都上海，上海租界內井然有序的街景和許多新奇的事物，讓他迫不及待的想知道西方人是如何讓上海改換面貌的？

為了更了解西方人富強的秘密，康有為買了許多西方書籍的中文翻譯本，並且認真閱讀和學習。在閱讀的過程中，康有為歸納出一個結論：要想在這場混亂的神獸爭霸戰中取得勝利，光只有軍備武器的學習是不夠的，最重要的是要「改變」。而且這個「改變」，不能像自強運動一樣只有配備上的改變，而是要整體制度的改變，當時人稱之為「變法」。

所以康有為又再次寫了一篇新的救國文章要給光緒皇帝，他建議皇帝應該勇於改革，才能讓清帝國變強。康有為向傳統挑戰的勇氣，啟發了一批願意接受新思想的年輕學生，在他的講學和著作中，看到未來的方向。

5. 紫禁城中的爭霸戰

照道理說，帝國時代的最高統治者應該是住在紫禁城裡的皇帝，由他發號施令統治廣大的清帝國。但是，這時候的光緒皇帝並不是紫禁城裡最有權力的人，真正的權力掌握在慈禧ㄒ太后手裡。為什麼會這樣呢？

不曉得大家是否還記得英法聯軍打到北京城時，匆匆逃出來的咸豐皇帝？慈禧太后是咸豐皇帝的妃子之一，當時她也隨著咸豐皇帝一起離開北京避難。

沒想到，避難後的咸豐皇帝不久就去世了，繼承皇位的同治皇帝，是個年紀只有五歲的小孩。慈禧就是這個小皇帝的媽媽。因為同治年紀很小，慈禧就會坐在皇帝後方的簾子裡一起聽大臣們的報告，主持國家大事，直到同治皇帝十八歲。

我已經不是小孩了！要改革才能變強！

但誰也想不到，同治皇帝竟然十九歲就過世了，而且沒有留下繼承人。帝國不可以一天沒有皇帝，所以慈禧太后就找了自己妹妹的六歲兒子繼承皇位，這個六歲小孩就是光緒皇帝。由於皇帝年紀還小，慈禧一樣可以繼續跟皇帝一起主持國家大事。因此，年幼的光緒皇帝雖然貴為清帝國的統治者，但真正掌握統治權力的人卻是慈禧太后。

　　光緒皇帝十九歲時，慈禧太后雖然把主持國家大事的權力還給光緒，但她仍握有最後的決定權。親自執政後的光緒皇帝，對國家大事漸漸有了自己的想法，也希望能夠擺脫慈禧太后的控制，於是朝中大臣在皇帝與太后兩人之間漸漸分成了兩派。

6. 戊戌變法

　　年輕的光緒皇帝當然知道清帝國受到西方各國的威脅，面對衰落的國勢，他也想有一番作為，不想成為亡國之君。於是，他開始多方學習，為了更了解西方，他也曾到北京的同文館學習英語。

　　歷經甲午戰爭的失敗，光緒皇帝也在思考要怎麼改變他統治的國家。1898 年，光緒皇帝在他的老師推薦下，終於看到康有為第六個版本的變法文章，他建議光緒皇帝要效法日本和俄國的改革，讓清帝國變強。

晚清民初魔幻守護者

　　於是，光緒皇帝決定向前邁進一步，嘗試改革看看。他把康有為找來，並頒布一連串的改革計畫，在歷史上稱為「戊戌變法」。

　　變法的內容相當多，不只是自強運動時著重的軍事武器，他希望能更進一步改變政治、教育、經濟制度。例如政治上，康有為希望模仿日本採用的「君主立憲」制度，改變現在皇帝一人獨尊的局面，加入西方國家的議會制度，讓更多人可以參與國家政策的討論。

變身

君主立憲

讓我們效法日本的明治維新，進行變身吧！

而教育上，則希望改變帝國每三年舉辦一次的大考——科舉制度。當時的科舉制度要考生按照規定的要求寫文章，這種文章被稱為「八股文」。再加上傳統科舉考試的內容限制在四書五經內，讀書人不懂數學、英文、物理、化學，是沒有辦法製造出像西方一樣的火炮、軍艦等武器。這種跟不上時代的考試內容和方式，成為改革的重點，辦理西方式的新學校培養人才，成了重要的時代任務之一。

7. 戊戌政變

說到「改革」，慈禧太后也並非都站在反對的立場，但她希望的是「小小的」、「慢慢的」改變。這跟康有為要求帝國馬上推動全面且快速的變革作法不一樣。

康有為曾經跟一位大臣有過這樣的對話。大臣問康有為：「你這麼有才幹，有什麼好方法可以拯救現在衰弱的國勢？」康有為回答：「除了徹底的改革外沒有其他的方法。」大臣說：「我也知道應該要改革，但法令制度已經存在了一兩百年，怎麼能說變就變？」康有為說：「只要殺幾個一品大官就好了。」

康有為這樣的想法等於要動搖了清帝國原有的大部分制度，讓慈禧太后內心有點害怕，擔心改革會對自己不利。

晚清民初魔幻守護者

就在光緒皇帝跟康有為展開變法後的一百天，慈禧太后決定要出手阻止這一場動搖國本的變法。她把光緒皇帝關到紫禁城外的一處皇家林園，不准他和其他人接觸。她還下達搜捕令，要把協助光緒皇帝變法的人一網打盡。但在西方人的幫忙下，康有為和他的學生兼得力助手梁啟超順利逃往日本，不過也有康有為的學生因此失去生命。

慈禧太后停止了大部分的變法內容，但為了培育適合時代的人才而在北京創立的「京師大學堂」（今日的北京大學）則保留了下來。康有為的變法計畫雖然只經歷短短的一百天就失敗了，但他已經在全國人的心中撒下了「變法」的種子。

49

六、滿載恐懼的失速列車：
義和團

　　康有為撒下的「變法」種子，並沒有馬上收到成效，因為戊戌政變後的慈禧太后，突然變得不太理智。而民間對長久以來遭受西方人欺壓的怨氣，竟然在世紀交替之際的 1900 年爆發出來，釀成帝國的大災難。

　　現在就讓我們把歷史的視角從宮廷、帝國讀書人轉到一般老百姓這邊，看看老百姓眼中的西方人。

1. 老百姓眼中的西方人

　　面對陌生的事物，人們總容易感到不知道該怎麼辦才好，更何況西方人是乘著軍艦、帶著槍炮而來，加上不同文化之間的差異很大，在互相不了解的情況下，許多有關西方人的流言開始在帝國各地流傳。例如，有人說基督徒會挖人眼睛配上鉛粉來煉製白銀、照相機會偷取靈魂等。

　　又如自強運動期間，除了軍備武器的製造外，還建造了鐵路和電報設施，但這兩種新科技常常會遇到百姓們的阻止。因為人們認為鐵軌和電報線會破壞住家或祖先墳墓的風水，原本榮華富貴的家族可能因此運勢轉壞。

此外，傳教士們為了宣揚教義，吸收信徒，時常要接觸老百姓，雙方的誤會也愈來愈多。譬如，傳教士常常會收養被遺棄的嬰兒，儘管那時候嬰兒的存活率本來就不高，但老百姓發現嬰兒屍體，就會聯想成是傳教士在殺害嬰兒，把嬰兒拿來做成藥品。

1870 年的天津，就曾因為中西文化的衝突發生了慘案。當時天津地區正流行傳染病，許多教堂收養的嬰兒都病死了，老百姓間開始傳言教堂把這些嬰兒拿來製藥，所以才一下子死了這麼多嬰兒。老百姓因此包圍教堂，雙方衝突爆發，造成教會人員和教徒死傷慘重，引起西方各國不滿，紛紛把軍艦開到天津備戰，清帝國只好派曾國藩和他們談判和解。

天津地區發生的悲劇，顯示出東西方之間的文化衝突背後還有許多複雜的情緒，處理教案的官員即使是像曾國藩這樣有名的大臣，也無法完全安撫民眾們的情緒。

2. 恐懼的總和

一般平民百姓對洋人的不滿情緒，一直深深地刻在心裡，有關教會、教士和教徒的流言不斷，這股不滿的情緒，促成義和團的誕生，最後的結果猶如失速的列車導向了災難性的戰爭。

義和團是山東的一個民間團體，主要由一群練拳的人組成。1898 到 1899 年間，清帝國遇到大水災和大旱災，義和團吸收了這一群因災害而失去家園的工人和農人。

刀槍不入，神明附體！

　　義和團的信徒們流傳著一則故事：義和團膜拜的仙人，說天兵即將下凡，外國人的槍炮會失靈，老天爺會幫忙消滅洋人。所以義和團的信徒認為自己「刀槍不入，神明附體」。同時，義和團打著「扶清滅洋」的口號，深信自己在神靈的幫忙下能協助清帝國消滅外國人。

　　1900年6月，這些在山東的拳民，來到了天津、北京，他們頭戴頭巾，腿綁紅巾，四處殺害外國人或擁有西方商品的人。他們拆除鐵軌、焚燒車站、砍斷電報線，痛恨所有西方來的人、事、物。

　　自鴉片戰爭以來，五、六十年間，老百姓感受到西方國家的步步進逼，早就一肚子火。義和團「扶清滅洋」的口號，正好成為百姓表達不滿的出口。

面對這股民怨，帝國官員們也不知是該禁止，還是該睜一隻眼閉一隻眼。有些官員想反正義和團對付的是外國人，而且平常他們也受夠了外國人的氣，在抓捕拳匪時並未盡全力。這些縱容的行為，使得義和團的行為愈來愈大膽。

3. 八國聯軍

西方各國本來還希望清帝國的統治者能好好處理義和團問題，讓拳民們別再作亂。沒想到朝廷中的部分大臣，竟然覺得義和團「扶清滅洋」的行為，是在幫清帝國出一口怨氣。而聽取了錯誤訊息的慈禧太后，在「民氣可用」的政治考量之下，並未嚴厲禁止義和團的行動。就在德國等國家開始派兵攻打帝國沿海時，慈禧太后竟然以光緒皇帝的名義向各國宣戰。

晚清民初魔幻守護者

54

於是，英國、法國、德國、美國、日本、俄國、義大利、奧國八個國家便聯合出兵攻打清帝國，史稱「八國聯軍」。八國聯軍登陸後，一路打到了北京。紫禁城和皇帝度假園區——頤和園等地的奇珍異寶也都被聯軍搶走。

眼見情況難以控制，慈禧太后只好急急忙忙地帶著光緒皇帝一起逃離北京，並且命令垂垂老矣的李鴻章北上收拾殘局。

自從和日本簽訂《馬關條約》後，李鴻章被很多人當成「賣國賊」，因為他每次都負責跟外國人打交道、簽條約，外國人通常都會多要些優惠，李鴻章大多也只能答應。這一次，李鴻章累了，他以年紀大、身體不好為理由，想請慈禧太后另外找合適的人選。

慈禧放眼望去，能信任的人也只有李鴻章了。一個月後，忠君愛國的李鴻章還是答應了慈禧，到北京和各國使者談判。二十世紀的第一年，在李鴻章的談判之下，和八國簽訂了條約。清帝國要付給各國四億五千萬兩的賠款，這是一筆天文數字，換算成今天的新臺幣，大約將近一兆元。

簽完條約，回到家的李鴻章，因心情不好而大吐血，兩個月後，帝國一代強人就這樣過世了。

4.「東南互保」守護卡

八國聯軍的戰火，僅限於北京及天津兩個地方，戰事沒有擴大是因為有「東南互保」這張守護卡。

就在慈禧太后打著皇帝的旗號向八國宣戰時，帝國東南方的地方大官們，譬如張之洞、李鴻章等人都認為這個決定實在是太瘋狂了。光是一個國家就打不贏了，還要一打八？更何況東南各省一直是帝國的經濟命脈，稍有閃失，清帝國不就真的要亡了嗎？

於是這些地方大官們聯合使出了「東南互保」這張守護卡，這張卡片可以保護參與互保運動省分的人民。地方官員和參戰的國家交換條件，只要他們可以保護管轄省分內外國人的生命、財產安全，參戰國家就不能派兵到自己的省分來。

5. 東南霸主：張之洞

　　張之洞跟先前介紹過的曾國藩、李鴻章、左宗棠並稱晚清「四大名臣」。在曾國藩去世之後，李鴻章、張之洞可說是帝國南北的兩大重臣。李鴻章主要是管理北京、天津一帶，張之洞則是管理長江流域一帶，故有「北李南張」之稱。

　　張之洞也和其他三人一樣，主張清帝國要學習西方國家先進的技術，他自己在地方上努力的興辦許多新式企業，像是建立亞洲最大的鋼鐵廠——漢陽鋼鐵廠。

當時的西方國家已開始用機器大量生產棉布料。所以西方的棉布是又多又便宜，對清帝國的布業產生很大的威脅。為了和西方的布業對抗，張之洞也開始用機器生產布料，不讓這賺錢的事業為西方國家獨占。他在自己管轄的湖北地區創辦了湖北織布局和兩個紗廠，也鼓勵民間創辦紗廠。

在八國聯軍期間，為了保護自己長期在地方上經營的成果，張之洞極力鎮壓人民焚燒教堂、醫院的行動，並且致電各國道歉，他還連絡有實力的地方官員，一起加入東南互保的隊伍，順利地讓清帝國最富庶的東南地區和部分省分免去戰火波及。

6. 帝國的最後強人：袁世凱

李鴻章逝世之後，接替他位置的是拳亂期間，在山東極力鎮壓義和團行動的袁世凱。袁世凱是個軍事方面的天才，他因為在朝鮮半島的幾場亂事中有突出的軍事表現，而受到李鴻章的賞識。

李鴻章等自強運動以來的守護者，都一直希望能夠替清帝國訓練出擁有強大作戰能力的新式軍隊，來跟西方國家抗衡。甲午戰爭後，袁世凱在李鴻章的授命下，開始替帝國訓練軍隊，他參考德國的軍隊訓練方式和技術，訓練出跟帝國傳統軍隊完全不同的軍人。這股兵力後來成為清末陸軍的主力，簡稱為「新軍」。

　　由於袁世凱掌握「新軍」，戊戌變法期間，光緒皇帝還想請他幫忙，不過袁世凱最後沒有選擇和皇帝合作，導致戊戌變法以失敗收場。

　　帝國時期的袁世凱是一個非常能幹的人，他治理的地方都深獲官員和百姓們的好評。他訓練出來的軍隊將領也都對他忠心耿耿。在李鴻章、張之洞等人陸續去世後，袁世凱成了帝國最後歲月中唯一能依靠的大臣。

傳統軍隊

新式軍隊

守護

新軍

七、帝國崩盤前的掙扎：
辛亥革命前十年

　　龍神獸看到嚴復、康有為等人為了帝國未來設想的變身計畫，竟以失敗收場。接連而來的八國聯軍，更是讓他傷痕累累。失望的他，在重重迷霧中，看著手中的「君主立憲」變身卡，和在遠方閃著微光的「民主共和」變身卡。迷霧中的他，到底該走往哪個方向？

1. 庚子新政

　　八國聯軍竟然打到了皇帝家門口，而掌控帝國最富庶東南地區的地方大官，運用「東南互保」這張卡片，確保東南地區不受戰亂的影響。

　　地方大官的態度和八國聯軍教訓的慘痛，讓慈禧太后了解到如果不做些改變，清帝國將會走上瓦解之路。為了順應時局的變化，聰明的慈禧太后決定展開新的政治改革，歷史上稱為「庚子新政」。

　　這次的改革，其實是換湯不換藥，基本上就是實行了光緒皇帝和康有為的那一套變法政策。1905 年，帝國廢除了長達千年的科舉制度，全面建立學習西學的新式學校、派遣學生到國外留學，培養新時代的人才。

晚清民初魔幻守護者

60

　　而最重要的改革目標，就是實行「君主立憲」。日俄戰爭後，慈禧太后開始參考西方各國的政治制度，希望能像英國或日本一樣繼續保留清帝國的王室，但加入議會制度，開放更多人一起參與帝國事務。不過清帝國對設置議會的態度並不積極，看起來似乎是用來安撫民心的，沒有明確的時間表。

2. 日俄戰爭：立憲戰勝帝制

　　當八國聯軍攻打清帝國時，俄羅斯熊還偷偷趁機派軍從北方入侵清帝國，企圖占領東北。野心勃勃的日本大蛇對東北也相當有興趣，於是 1904 年日、俄兩國就在龍神獸的地盤——東北地區大打出手。

才剛變身成功的大蛇,再次跌破眾人的眼鏡,取得了勝利。於是,日本開始控制清帝國的東北,在此地修築鐵路和建置軍隊。

日本大蛇竟然戰勝看起來強壯許多的俄羅斯熊,對清帝國的讀書人來說,這又是一次震撼ⁿ教育。他們開始思索為什麼小小的日本能夠相繼打贏我們跟俄國?他們想到的答案是:「兩國政治制度的差異」,實行君主立憲的日本戰勝了沙皇(俄國的皇帝)獨尊的俄國。簡單的說,就是「立憲戰勝帝制」。

如此一來,帝國的讀書人們更加希望馬上實施君主立憲,把議會制度帶進清帝國。這股渴望建立議會的政治風潮,稱為「立憲運動」。

支持立憲運動的人，我們常用「立憲派」稱呼，好用來區分當時也有相當人氣的「革命派」。這兩派最大的不同是「立憲派」主張保留皇帝，但要加入議會制度，擴大參政人數。在戊戌變法期間，他們大多是支持變法。

「革命派」則是覺得要直接推翻滿人建立的清帝國，另外建立一個新的民主共和國，他們也以洪秀全的「打倒滿人」為號召革命的口號。革命派最大的根據地在日本東京，這是因為科舉制度廢除後，大量年輕人來到日本學習，受到新思想的刺激，也使他們逐漸產生革命的想法。兩派的主要領導者，分別是康有為的學生梁啟超，和來自廣州的孫文。

3. 立憲派的守護者：梁啟超

早在甲午戰爭之後，梁啟超就拼命的將變法、設議會及教育改革等想法寫成文章，刊登在報紙上。梁啟超的寫作風格介於文言和白話之間，新鮮的用詞和想法，刺激了許多讀者，讓他的文章大受歡迎。

變法失敗後，梁啟超逃亡到日本。在日本時，他認識了革命派的領袖孫文，兩人往來密切，讓梁啟超的想法發生了變化，傾向革命，想想或許可以和革命派合作。不過後來梁啟超去了美國，實際看看這個全世界第一個建立的民主共和國家，才覺得革命派的主張不見得適合中國，加上老師康有為的影響，所以就繼續宣傳立憲派的想法。

在沒有電視新聞和政論節目的年代，報紙是讀書人最好的發聲平臺。立憲派以梁啟超為首，革命派以孫文為首，開始在報紙上各自寫下想法，希望能爭取更多的支持者。

傷痕累累的龍神獸也不斷思考著，到底哪一條路最適合自己？

4. 革命先鋒：孫文

介紹完梁啟超，我們來看看革命派的先鋒使者——孫文。孫文生在廣州，他小時候就很喜歡聽家鄉的老人說太平天國的故事，洪秀全「打倒滿人」的夢想深深吸引著他。

孫文十三歲時，跟著母親一起到美國夏威夷的檀香山投靠哥哥，並在當地上學，之後再到香港學醫。

孫文非常喜歡和朋友討論該如何革命救國。畢業以後他開始當起醫生，卻仍不忘救國理想。後來孫文決定回到廣州開設藥局，開始執行他的救國計畫。

甲午戰爭開打的消息傳到孫文耳裡，讓他非常心急。他寫了一篇文章，希望能盡快把自己救國的想法告訴李鴻章，但李鴻章沒有接受他的意見。既然這條路行不通，孫文決定要靠自己的力量來拯救自己的國家。他在夏威夷檀香山成立第一個革命團體——興中會，準備執行革命計畫。

孫文的第一次革命活動選擇在自己的故鄉廣州，因為缺乏經驗，革命的消息走漏了，加上武器不足，最後只能以失敗收場。孫文只好先行離開廣州躲避官府，不過好幾名革命成員都被逮捕，包括和孫文從小玩在一起的好朋友陸皓東。

陸皓東本來已經躲藏至安全區域，但想起革命成員的名冊忘了燒掉，要是被官兵搜到，所有的成員可能都會被抓，就急忙跑回去處理，沒想到剛好被官兵逮個正著。

孫文領導的第一次革命雖以失敗收場，但這只是個開始，隨著民眾對清帝國愈來愈失望，革命之火也跟著不斷蔓延。特別是1907到1908年，革命黨人總共發動了六次革命。

5. 革命之火蔓延

　　眼見革命勢力愈來愈壯大，清帝國的統治者開始緊張起來，本來只是裝個樣子的「君主立憲」，不得不訂下「將於十年後實行立憲」的時間表。

　　雖然帝國政府已經訂下十年之約，但是立憲派在日俄戰爭之後，對於設置議會的渴望日漸高漲。他們開始強力要求「民選國會、組成內閣」，加上革命勢力的日漸擴張，清帝國在這兩股壓力之下，只好公布了內閣名單。　沒想到這份內閣名單超過一半都是滿洲人，很多都是皇帝的親戚，於是被報紙輿論嘲諷為「皇族內閣」。　原本一心期待立憲成功的立憲派支持者大為失望，使得許多人轉向革命的陣營。

6. 八指將軍：黃興

　　經過九次革命失敗後，革命派的信心受到很大的打擊。一直在海外指揮的孫文覺得是時候策劃一次大規模的革命，而這次革命重要的執行人是黃興。

　　早在認識孫文之前，黃興就和志同道合的朋友們組成同樣以革命為號召的革命團體。後來，黃興認識了孫文，兩人就決定在革命的道路上一起合作。

　　1911 年 4 月黃興帶著年輕的同伴們衝進廣州總督衙門，決定先活捉他們的頭頭，沒想到總督大人竟然翻牆逃走。當大批清兵趕到之際，黃興和同伴們約一百二十多人奮力抵抗，等待救援。在激烈的槍戰中，黃興右手的中指、食指都被打斷（八指將軍稱號的由

來)。清兵的人數實在太多，受傷的黃興只好躲進一家小店，在同伴掩護下逃難。

血戰結束後，有人把在這次行動中死亡的革命成員屍體集合起來葬在廣州的黃花崗，這七十二位年輕人因此被稱為「黃花崗七十二烈士」。這次轟轟烈烈的革命，讓國內外革命力量更為團結。

7. 革命的導火線：四川保路運動

1911 年，對清帝國來說充滿了意外，也讓原本還在君主立憲和民主革命之間猶豫的龍神獸獲得了意外的變身機會。

生活在現代的我們非常明白鐵路的便利性。但是對帝國晚期的人來說，鐵路是西方各國帶來的新交通建設，義和團便因憎恨洋人而破壞鐵路。

但是帝國的讀書人、官員則更深一層地認識到鐵路修築對帝國的好處。除了交通可以一日千里外，更重要的是對煤礦的開採和運輸上也非常方便。我們今日最重要的能源是石油，但在十九世紀及二十世紀初，煤礦是當時最重要的能源，掌握能源等於掌握工業發展的根本。由於鐵路的建築與煤礦的開採和運輸路線有關，更何況戰爭的時候，鐵路還是運送士兵和槍彈最快速的方式。

但是清帝國從鴉片戰爭以來，國家的財政不足，無法自己建造鐵路。西方列強深知煤礦與鐵路的好處，便開始在帝國的土地上興建鐵路、採礦。要不然就是向西方列強借錢蓋鐵路，中間免不了要利益交換，帝國讀書人對這樣的行為非常不滿，因此他們聯合商人展開一連串收回路權的運動。

帝國官員在 1911 這一年宣布一項新政策，政府要花錢收購民間鐵路公司的股票，然後把興建好的鐵路收歸為政府所有，也就是「鐵路國有」。這個政策引起各地民間公司股東的不滿，他們擔心政府又會把鐵路當作抵押品，向外國銀行借錢，如此一來就是出賣國家。

鐵路國有政策引起民眾大規模反彈，尤其是四川地區，商人罷市，工人罷工，學生也罷課。清帝國緊急從湖北調兵來支援，這一個看似簡單的舉動，卻間接導致清帝國滅亡。因為在湖北的革命成員，發現當地士兵減少，覺得是大好機會，所以加快製造武器，準備發動革命。

8. 帝國的結束：辛亥革命

1911 年 10 月 9 日，革命指揮部的人在製造炸彈時發生意外，引起官府注意，到處抓革命派的人。眼見搜捕行動愈來愈烈，湖北的革命成員決定在 10 月 10 日發動革命行動。

由於湖北新軍中有很多支持革命的年輕人，革命行動展開後，他們暗中配合，輕鬆拿下湖北的省會武昌。

　　當時孫文人還在美國訪問，他在飯店吃早餐時，得知革命軍占領武昌的消息，便匆匆趕回來。1912 年 1 月 1 日，孫文在南京正式宣布中華民國成立，並且當選為臨時大總統。

　　世事的變化，總是令人難以預料。有誰能知道，這場領導人缺席的革命會取得成功。湖北宣布獨立之

晚清民初魔幻守護者

後，其他省分也紛紛響應，短短一個月內，大部分的省分都宣布獨立了。

　　跟傳統的朝代替換不同，辛亥革命代表了傳統帝國時代的結束，從秦始皇以來的皇帝制度被西方的民主共和制度取代了。但是歡欣鼓舞只有一下下。民主共和制度雖已成為國家體制，但要怎麼讓傳統帝國一下子變身成民主國家，還有許多難題等著孫文他們及後來的守護者們去克服。

八、變身後的迷霧森林：
辛苦的民主之路

龍神獸由於「新軍」和「民主」兩張變身卡的加持，背上長出了翅膀。他開心地盤旋在新國家的上空，看著自己守護範圍成為亞洲地區第一個民主共和的國家，開心地幻想著自己在不久的將來就可以跟西方神獸們並駕齊驅了吧！

新國家雖然誕生了，卻還是有一道道的難題擺在眼前，例如北方清帝國的舊勢力，就是新國家成立後要面臨的第一道難題。這一道道的難題，猶如一座充滿迷霧的森林，龍神獸和孫文、梁啟超等其他守護者們，要如何穿越這重重迷霧？又有什麼樣的難關擋在他們面前呢？

> 我變身囉！你們等著，我會愈變愈強！

1. 向皇帝制度說再見

現在，讓我們把時間稍微倒回至革命軍占領武昌後的清帝國，在帝國各省紛紛響應革命、宣布獨立的情況下，清帝國實在想不到還有誰能領兵作戰，只好把沒有官職，回到家鄉的袁世凱找回來帶兵對抗革命軍。

袁世凱雖然無官在家，但他一手訓練出來的子弟兵——新軍，還是奉他為大老闆。所以，帝國大臣們希望依靠袁世凱的新軍力量來救一救清帝國，想不到袁世凱其實另有盤算。袁世凱知道新軍是他最大的優勢，因為在這個混亂的時代裡，擁有軍隊的人就是老大，大家都得聽他的。革命派人當然也知道這個道理，他們也向袁世凱招手，希望袁世凱能成為革命派的助力。立憲派人士，為了局勢的穩定，也希望袁世凱能出來主持大局。袁世凱成了三方人馬的搶手貨。

我擁有厲害的新軍，大總統的位置應該我來坐吧！

守護

新軍

雖然孫文當選為臨時大總統，但他知道革命派在政治和軍事上都沒有穩固的基礎。為了盡快穩定局面，孫文決定只要袁世凱能讓帝國的最後一位皇帝溥儀退位，未來的大總統就由袁世凱擔任。

溥儀是清帝國的最後一位皇帝，即位時只有三歲，他三年的茫然皇帝生活中，印象最深刻的一件事，就是看到一個胖老頭跪在面前，留著眼淚。當時他年紀小，不懂這個胖老頭為什麼要哭。後來，他才知道胖老頭就是袁世凱。那一天袁世凱向皇太后提出了請皇帝退位的建議。只要小皇帝現在自行退位，還可以繼續住在紫禁城中，他會保證他們的安全和生活。若是雙方打起來，一旦輸了，到時候革命黨人可是什麼都不會留給他們的。

皇上您辛苦了，現在退位臣一定保皇室安危！

小皇帝呀！你一退位，我就是老大了

皇太后接受了袁世凱的建議，替小皇帝溥儀頒布了退位詔_{ㄓㄠ}書，也等於跟實行千年之久的「皇帝制度」說再見。

2. 大總統袁世凱

小皇帝退位後，孫文也信守承諾，將大總統的位置讓給了袁世凱。孫文等革命派人士，對袁世凱手上掌握的兵馬非常畏懼。他們想了一個辦法，希望袁世凱到新首都南京就任大總統，把他手上的大批兵馬留在北方，藉此削減袁世凱的勢力。

袁世凱也不是省油的燈，他發出一封電報說：「現在北方很亂，如果真要到南京就職，自己實在不能勝任。」許多支持袁世凱的人也開始提議是不是把首都改在北京就好，要是大總統來到南京，北方大亂，國家局勢若是不穩定該怎麼辦？

此時又傳來北京有動亂出現的消息，大家害怕會一發不可收拾，於是就依照袁世凱的意願，讓他在熟悉的北京就職。1912 年 2 月，袁世凱成為中華民國第一任大總統，新軍成為他手上最好的武器，全國不得不聽他號令。

3. 共和體制的警報響起

民主共和制度的好處，是有議會可以監督總統。失去掌握總統大位的革命派人士，便將戰場轉至國會

選舉，希望能藉由國會多數來跟袁世凱抗衡。民國第
二年（1913 年），中華民國選出了第一屆的國會議員。
由革命派轉變而成的國民黨，果然如願地成為國會中
的最大黨。

　　當時領導國民黨的領袖是宋教仁，他認為新政府
應該要採內閣制，而不是總統制。簡單來說，就是希
望由國會中最大黨的領袖來領導國家，如此一來就能
制衡現任大總統袁世凱的力量。

　　就當國民黨議員們準備好要在國會中大展身手
時，發生一起震驚全國的暗殺事件，迎來國民黨第二
階段的革命。

選舉結束後，宋教仁帶著幾位國民黨議員前往北京和袁世凱討論這個問題。想不到，宋教仁才走進上海火車站，就傳來「砰」一聲槍響，宋教仁痛苦地倒在地上，雖然緊急送往醫院，還是來不及搶救。

宋教仁去世後，袁世凱又免職了三位國民黨的省級軍事首領。這些舉動引起國民黨人的不滿，發動第二次革命。可是袁世凱當時的財源、兵力皆勝過空有國會第一大黨之名的國民黨，二次革命只能以失敗收場。

打了勝仗的袁世凱，在 1914 年，解散國會這個民主制度的精神象徵，接著宣布總統可以連選連任。民主共和的建國精神，就這樣讓袁世凱的野心破壞了。

這些現象讓龍神獸為新國家的未來感到憂心，更糟糕的是龍神獸身後的日本大蛇正在蠢蠢欲動。

4. 來自日本大蛇的「陷阱卡」

變身後的龍神獸，在自己縮水不少的守護領地上漫遊著。雖然他多了兩片翅膀，也學會許多新技能，但他放眼這片守護了數千年的地盤，自鴉片戰爭以來的迷霧似乎還未散開。「民主共和」變身卡雖然帶來了希望的光芒，但龍神獸心裡明白新創建的民主共和國還有很多很多的問題要解決。例如清帝國之前與列強們簽訂的條約，並沒有因此消失。

1914 年，爆發了第一次世界大戰，西方神獸們分成兩個陣營在歐洲大陸上打群架，沒時間管東方的龍神獸。晚清以來一直處於挨打狀態的龍神獸，終於有空檔喘口氣。

　　不過事情並沒有想像中順利，沒有加入西方神獸大亂鬥的日本大蛇，眼看西方神獸忙著打仗，沒時間照顧自己的地盤，就趁機向龍神獸發出一張名為「二十一條要求」的陷阱卡。

　　簡單來說，就是日本想把原本由德國控制的山東地區劃成自己的地盤，不管是在這裡蓋工廠、建鐵路、開礦、居住通通都可以，不受任何限制。

第一次世界大戰

　　袁世凱並不想跟日本簽二十一條，他不斷派出官員和日本談判，都沒什麼效果。原本袁世凱還寄望西方其他國家會來勸退日本，沒想到他們深陷第一次世界大戰之中，根本沒空理這件事。最後，日本政府要求他在 1915 年的 5 月 9 日之前，一定要給出答覆，不然就要打過來了。

　　回想起二十多年前的甲午戰爭，慘敗的記憶還在，更何況日本的武力不是剛成立的新國家所能承受的。為了免除戰爭，袁世凱只好答應部分要求，讓日本獲得了大量的經濟利益。條約簽訂的這一天，全國民眾在各地舉行了示威和遊行，並將 5 月 9 日訂為「國恥日」。

5. 皇帝制度重出江湖

　　當上大總統的袁世凱，雖然已經掌握了最高的政治權力和武力，但他還是不滿足。因為總統是有任期的，雖然當時規定一任可以當十年，而且可以連任。但袁世凱開始夢想能回復到帝國時代，擁有像皇帝一樣的超級權力。

　　即使袁世凱很想當皇帝，但也不能毫不掩飾地就登上龍椅。袁世凱身邊的人，深知他的皇帝夢，就開

哎呦！當皇帝不是我能決定的，也要看大家的意思啊！

這是在演戲嗎？明明就很想當皇帝。

始寫文章宣傳皇帝制度的種種好處。有了文章跟輿論還不夠，想當初王莽、曹丕篡漢都得演一下禪讓的戲碼，袁世凱當然也要推辭一下，強調自己並不想當皇帝。無奈支持者的擁戴太熱情了，袁世凱只好「勉強」答應坐上皇帝寶座，改國號為「中華帝國」，年號為「洪憲」。

袁世凱稱帝這一戲碼，讓龍神獸驚訝萬分，這不就等於硬生生地拆掉了我變身後新長出的一片翅膀了嗎？這怎麼行，就當他緊張萬分時，蔡鍔跟梁啟超暫時幫龍神獸解決了這道難題。

6. 護國軍總司令「蔡鍔」

蔡鍔是日本士官學校的畢業生，他曾經在雲南省當過都督（軍隊中的長官），有一定的勢力。他一聽到袁世凱要當皇帝的消息，就馬上跟老師梁啟超討論該怎麼應付這個情況。他們師徒二人決定一個用槍，一個用筆，宣誓要一起保衛民主共和制度。

擅長寫文章的梁啟超，打算在報紙上發表文章批評皇帝制度，希望能引起各界的注意，一同加入反對袁世凱稱帝的行列。蔡鍔則趁機和雲南那邊的人聯絡，他們決定只要袁世凱一宣布稱帝，雲南就自行宣布獨立，對抗袁世凱。

經過蔡鍔、梁啟超等人的努力，反對回到皇帝制度的風氣不斷擴大。但一心想要當皇帝的袁世凱覺得這些都只是一小群人的想法，應該對他的計畫影響不大，畢竟他手上還握有「新軍」這張牌。

本來袁世凱的軍隊人數比較多，應該可以輕鬆拿下勝利，沒想到他自己的部下們似乎也不怎麼支持他的行動。這下可糟糕了，如果大家都不願意聽自己的安排，那誰來打仗呢？袁世凱最後只好放棄皇位，八十三天的皇帝夢就這樣破滅

了。一直以來的期待落空後，讓袁世凱的精神和體力都極度疲累，三個月後就過世了。

袁世凱死掉以後，新成立的國家頓時失去了一統的中心，掌握軍隊的人就各自占地為王，歷史上稱他們為「軍閥」。他們有時對抗，有時合作，想盡辦法擴大自己的地盤，雄霸一方。原本統一的民國局勢，再度陷入了分裂。

九、青年的時代：
五四學生運動

　　為什麼皇帝制度會再回來？軍閥們各自占地為王的情形又該怎麼辦？民主制度在軍人執政的年代，只不過是個裝飾品，根本沒有實際的功能。帝國時代留下來的不平等條約也都還沒解決，怎麼自家人就亂成一團？民國成立不過五年，勝利之初的歡欣鼓舞，已經成了一片愁雲慘霧。

　　1917年，一位美國留學生正在回國的路程上，他在日記上寫下了這麼一段話：「如果我們已經回來，你們請看分曉吧！」這位年輕人發下的豪語，替歷史翻了新篇章，也替龍神獸重新注入新能量。

　　這位年輕的留學生就是後來鼎鼎大名的胡適教授，他回國後進入當時的最高學府——北京大學任教，是當時許多高中生、大學生心目中的偶像。北京大學成為當時新知識分子們的最高學術殿堂，在1917年後成了全國新思想的發動器。這一切都是因為北大來了一位新校長——蔡元培。

1. 革命進士蔡元培

　　曾經擔任過民國第一位教育總長（現在的教育部長）的蔡元培，因為跟袁世凱的理念不合，沒當多久就去德國了。旅居德國期間，他收到教育部的通知，希望他可以回來當北京大學校長。但是他的國內外友人，都紛紛勸他不要淌這場渾水。可是他還是接受了教育部的命令，回來接任北京大學的校長，這一接，為近代教育和政治翻了新頁。

　　首先，讓我們來看看蔡元培的故事。

　　在清帝國時，三年舉行一次的「科舉」考試，只錄取約二百名的進士，而蔡元培就是少數能獲得「進士」頭銜的厲害人物。

　　蔡元培原本讀傳統的四書五經，但晚清以來，清帝國不斷被外國打敗，在甲午戰爭刺激下，年輕的蔡元培開始大量閱讀西方的書籍，吸收西方的知識。戊戌變法失敗後，蔡元培更回到自己的故鄉紹興辦新式學堂，打算培育更多適合新時代的人才。他相信「教育救國」，想要解決國家衰弱的問題，就要靠新教育栽培年輕人。

　　革命風起雲湧展開時，外表看來溫和的蔡元培，在救國的熱情下，積極投入革命的行列，成為革命分子的一員。為了推翻清帝國，他還曾自學火藥製作，更曾前往德國學習西方的新知識。

2. 新時代青年的搖籃：北京大學

1917 年，蔡元培回國就任北京大學校長。北京大學就是戊戌變法後，唯一被慈禧太后保留下來的「京師大學堂」。在帝國時代大家考試唸書是為了擔任國家政府的官員，這樣的想法在民國初年仍然盛行，所以蔡元培的朋友們聽到他要去當北京大學校長時都不贊成，覺得北大只是個培養官員的地方，充滿腐敗的官僚氣息。

可是曾在歐洲生活過的蔡元培，心中一直有個夢想，他希望把這所位於首都的第一學府——北京大學，打造成一所歐洲式的大學，無論是教授或是學生都能在大學裡自由的教學與研究。

在北京大學校長任內，蔡元培積極邀請曾在日本、美國、歐洲留學的學者回來北京大學教書。雖然這些學者對學問各有不同的觀點和立場，但蔡元培不覺得這是一個問題。因為一所好的大學就是要能夠包容各種聲音和立場，讓每個在大學裡的老師、學生都能夠自由自在地表達自己的想法。北京大學在蔡元培的積極改造下，吸引許多優秀的學者和青年學生，帶進新的文化風氣。

晚清民初魔幻守護者

30歲
對清帝國失望
回到家鄉教書

34歲
成為革命派
的一分子

25歲
成為清帝國進士
正式開始當官

50歲 就任北京大學校長

39歲
前往德國留學

3. 新文化運動

　　要將新文化的種子散播到每個角落，除了學校教育之外，還有一個好方法就是發行雜誌刊物，民初最熱門的雜誌《新青年》就是一個很好的例子，許多支持新文化的人，不論是年輕的學生還是學者，都開始把自己的想法寫在雜誌上，希望透過文章把這些新的思想傳播出去。這些文章、想法，後來形成一股想要向西方徹底學習的潮流，稱為「新文化運動」。

新文化運動中，最重要的一項成就就是「白話文運動」。帝國時代的讀書人，習慣寫文言文、作詩，但是胡適認為新的時代，要有新的文學，最好就是「我說什麼就寫什麼」。這一項主張，看在保守人士的眼裡，覺得就跟「洪水猛獸」一樣可怕。但白話文運動在胡適、陳獨秀等人的提倡之下成功了，所以我們現在不用寫文言文，而是嘴巴說什麼、手就寫什麼。

除此之外，帝國時代大家讀的是儒家的四書五經，日常生活裡也要遵守儒家的規矩「三綱五常」。這些規矩在新文化運動的支持者眼中，就像是「吃人的怪獸」，束縛了人的自由。他們認為只有掙脫這些陳舊的想法，實現西方文化中的個人自由，民主制度才有可能真正的落實。

當時從歐美留學歸國的教授們，認為歐美國家富強的根本原因，不是只有船堅炮利的軍事技術。在軍事技術的背後，是因為「科學」的發達，「科學」才是歐美列強軍事、工業能夠持續不斷進步的基礎。

新文化運動期間的知識分子，認為要改變民國自袁世凱以來的政治亂象，必須要徹底實行「民主」與「科學」。民主的英文是 "democracy"，當時的人們借用英文發音把民主化身為「德先生」。而科學的英文 "science" 則被稱為「賽先生」。「德先生」和「賽先生」成為當時最流行的口號。

　　在新思想的感染下，龍神獸感覺到一股新生的能量，讓自己變得愈來愈年輕，愈來愈有活力。儘管民國的建立，還是無法幫助龍神獸掙脫各式各樣陷阱卡的束縛，但起碼他有變強的希望。

4. 五四學生運動

前面我們提到的西方神獸大亂鬥終於在 1918 年結束了，離戰爭開打已過了四年之久。在這四年期間，政局有很大的變化，原本不想參與西方神獸大亂鬥的袁世凱已經死了，不同的軍閥開始輪流當老大。

其中一位軍閥老大段祺瑞掌握政府的時候，他決定加入西方神獸大亂鬥的行列，他選擇參加「協約國」的陣營。沒想到段祺瑞竟然押對了寶，「協約國」獲得最後的勝利，中華民國成了戰勝國聯盟中的一分子。當時全國上下充滿勝利的喜悅，大家都希望能夠藉由戰勝國的身分，參加戰後列強的協商會議，擺脫從鴉片戰爭以來西方列強帶來的各種不平等條約。

但是這樣的美夢沒有持續很久，在簽訂戰後和約的協商大會上，同樣也是戰勝國的日本強烈要求德國（戰敗國）要把在山東的權利讓給他們，大會最後竟然通過了這項要求。這個消息一傳回北京，引起北京各大學學生的憤怒。他們決定要舉行遊行示威，要政府拒簽和約。

1919 年 5 月 4 日這一天，北京天安門廣場聚集了三千多名學生，高舉「拒簽和約」、「收回山東權利」、「抵制日貨」等標語，並送請願書到各國大使館，請各國支持他們的主張。但大部分的外國使館都避不見面，導致學生情緒更為激動。當時，隊伍中有人提議：「既然如此，我們就去和日本關係良好的交通部長

曹汝(ㄖㄨˇ)霖家抗議吧！」

　　到了曹家的學生隊伍，難以控制激動的情緒，不但放火燒了曹家，還把人剛好在曹家的駐日大使章宗祥痛打了一頓。向來疼愛學生的蔡元培校長，也不免責備學生這一次的行動有點過頭了，但愛護學生的他還是極力奔走，希望政府能夠釋放被捕的學生。

　　五四學生運動就像一把火，重新燃起學生及全國人民的愛國熱情，並迅速擴散到全國各地。在上海的商人、學生也發動罷市、罷課，熱情響應發生在北京的學運。

　　最後在群眾的壓力下，中華民國代表團拒絕在和約上簽字，表達對大會的嚴重不滿。

5. 迷霧困境：找尋新出路

5月4日這一天的學生運動，是民國初年相當重要的一場學生運動。經過新文化運動的洗禮，青年學子們在北京大學許多知名教授的影響之下，大多相信傳統文化不可靠，應該要以新的、西方的文化全面取代才會有新的未來。

學生本來的義務，是在學校裡讀書、受教育的，但五四這一天的遊行，以及學生運動後來在全國遍地開花。他們的遊行、示威、罷課等等抗議的行動，最後竟然能讓外交代表拒絕簽字，使得學生們開始覺得自己有力量能夠改變政治。

二次革命後流亡海外的孫文，大約也在新文化運動期間回到了廣州，展開守護憲法的運動，並且重新改組了國民黨。1920年，共產黨在上海成立，孫文為了能夠容納更多改革的力量，採取了「容共」的政策。於是，國民黨和新成立的共產黨一起接收了學生這一股對政治的熱情。1925年，革命先鋒孫文去世了，許多地方都舉辦了紀念儀式。國民黨為了實現孫文死前的願望，也在蔣介石的領導下發動北伐戰爭，成功地結束了十多年的軍閥政治。

然而，就如前面所提過的，擋在龍神獸面前的是一道道的難題。北伐成功後的國家陷入新的政治危機

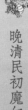

晚清民初魔幻守護者

中。近在咫尺的日本大蛇野心勃勃地想要擴張版圖，西方神獸帶來的不平等條約的束縛也都還在。這些問題都還需要龍神獸和守護者們一起努力去解決。

　　故事結束了嗎？當然還沒。歷史猶如一條長河，綿延不絕，故事怎會有結束的一天。龍神獸還得繼續為自己奮戰，還是需要更多的守護者繼續與他一起努力。但是未來歷史局勢的變化，就留給有心的你們繼續去探索了。

十、現代化的世界

　　還記得我們故事的開頭是鴉片戰爭嗎？為什麼要從鴉片戰爭開始說起，那時候帝國還沒結束啊！因為從 1842 年打了敗戰、跟西方各國簽訂條約開始，東方世界開始進入一個全新的時代，不論是清帝國、日本還是朝鮮等地。西方列強除了帶來船堅炮利等先進的武器外，他們也帶來跟傳統東方完全不一樣的文化及生活方式。這些變化直到今天還影響著我們的生活和觀念。

　　前面我們講義和團時，提到當時許多人排斥西方文化、事物，隨著辛亥革命的成功，以及新文化運動對新觀念的宣導，人們對這些新的事物有了愈來愈多的認識，也感受到它們帶來的方便。除了政治上、文化上的改變外，一般民眾的生活也起了新的變化。

　　現在就讓我們來看看到底有哪些變化吧！

1. 辮子不見了

　　民國建立後，最大的改變就是「辮子」不見了。有看過清代戲劇的，一定會對戲劇中男生半顆光頭及後面那條長長的「辮子」有著深刻的印象。半顆光頭和辮子是滿人的標誌。清帝國建立時，規定每個男生都要把前面半顆頭的頭髮剃光，然後綁辮子，沒有剃

頭跟綁辮子的人就要掉腦袋。所以清帝國時每個男生都留著一樣的髮型。

由於辮子是滿人的象徵，所以洪秀全的太平軍是留著一頭長髮的長毛軍，表示自己跟滿人不一樣。這樣的髮型，到了清末也成為西方人取笑的象徵。為了區別自己與滿人，革命黨人在帝國晚期大多也都不留辮子。革命成功後剪除辮子成了流行，大部分的男生都剪掉辮子，改留西式短髮，服裝上也跟著換上西裝。

但也不是所有人都會換西式的服裝，還是有些人沒有改變自己的服裝和髮型，仍然穿著長袍馬褂，留著辮子。例如北大曾經有一位教英文的教授，通曉西方各國的語言，但在民國建立後，他還是留著長長的辮子，穿著舊式的長袍馬褂在北大上課。

95

1912

JAN   1月

1

MONDAY 星期一

元旦

辛亥年
庚子月丙子日
十一月十三日

生肖
豬

2. 改用國曆

　　民國成立後，除了髮型改變之外，對一般人影響最大的還有日期計算方式的改變。

　　帝國時期的人，計算月、日的方式是以月亮運行的週期去計算，但是西方人則是以太陽運行的週期去計算，兩者之間有很大的不同。

　　紀年的方式也不一樣。帝國時代習慣用皇帝的年號來記錄，譬如我們前面提過的光緒皇帝，光緒是他的年號，所以從他登基開始就是光緒元年，第二年就是光緒二年，一直到他去世為止。新的皇帝繼任後，就又用他的新年號開始紀年。

　　民國建立之後，孫文希望新的國家能夠用中華民國來紀年，用西方人的陽曆來記錄時間，當時稱為「新曆」。帝國時代的年月日計算方式，就被稱為「舊曆」，或是「農曆」、「陰曆」。這個改變關係重大，因為它會影響一般人的生活習慣。剛開始推行時，為了讓人們能夠逐漸適應新的日期計算方式，規定新曆、舊曆並存。

　　到現在，我們雖然習慣了用西方人的陽曆來記錄年、月、日，但仍有許多老人和某些節日是依靠農曆來記錄的，譬如過年、端午節、中秋節等等。

　　對現在的你們來說，最容易理解的就是「過年」和「元旦」的差別，一個是舊曆年的 1 月 1 日，一個是新曆年的 1 月 1 日。民國建立後，社會上仍是習慣過舊曆年，現在的我們也是在舊曆年才會放長假，跟西方人習慣從聖誕放到元旦不同，也習慣以 12 月 31 日為一年的最後一天，並且有跨年的活動。這些改變都是民國建立後，一點一滴慢慢開始的。

3. 男女平等，自由戀愛

　　雖然西方文明是乘著槍炮、軍艦來的，帶給帝國時代的人們許多不好的記憶。但是，西方文明也帶來了許多先進的觀念，其中最重要的影響就是男女平等、自由戀愛。

　　女性在帝國時期，地位往往比男性低下，也比較不受重視。但受到西方自由、平等等觀念的影響後，

人們開始認識到男生、女生都是人，就應該要處在同樣平等的狀態之下，不應該有所分別。所以開始有許多女性進入學校唸書，五四學生運動也走上街頭參加抗爭運動。

傳統帝國時代的婚姻大事皆由父母來決定，但民初開始，許多歐美的留學生陸續回國，享受過歐美自由空氣的他們，開始提倡「文明結婚，自由戀愛」。

什麼是「文明結婚，自由戀愛」呢？簡單來說就是不經過傳統的媒人介紹，希望結婚前可以自由戀愛，自己選擇未來的結婚對象。結婚時採用簡化版的程序，只要在結婚證書上簽字、交換戒指、向雙方家長和參加賓客鞠ㄐㄩㄍㄨㄥ躬表達感謝。有的新人甚至會換上西方流行的西裝、白紗，不再穿傳統的狀元袍、鳳冠霞帔。

再加上新文化運動的關係，渴望自由的年輕人愈來愈多，自由戀愛和男女平權的提倡也就成了新文化運動時青年男女很重要的目標。這些觀念對現在的你、我來說，可以說是基本的常識，但在民國初年卻還是許多年輕人要跟家中長輩們奮鬥的目標。

4. 現代化的生活

　　清末以來雖然開放了許多港口和城市，但最能感受到西方文化氣息的是上海、天津這些租界地區，其中以上海最特別，上海是當時中國最現代化的城市。

　　前面提到的日期計算方式或男女平等、自由戀愛都算是觀念上的改變，但生活上的物質改變，則是大家比較能體會到的具體轉變。現在就讓我們來看看從帝國時代到民國初年有哪些改變？

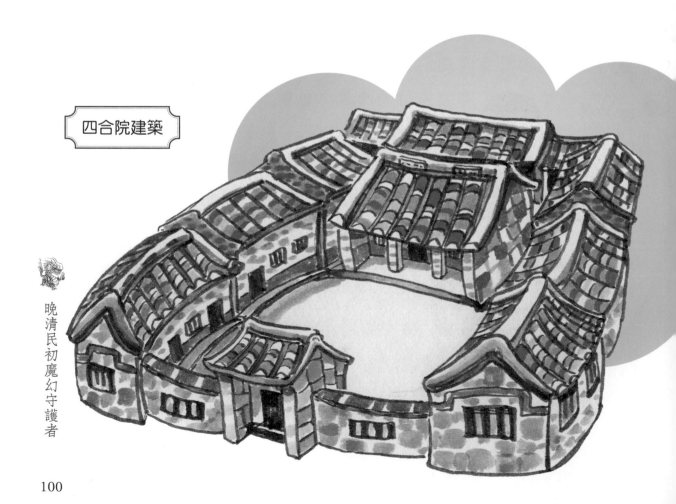

四合院建築

晚清民初魔幻守護者

在住的方面，現代人大多住在都市的公寓或大廈裡。以前的傳統的建築，則是四合院或三合院的形式。但從鴉片戰爭以後，開放的港口城市開始有了西方式的花園洋房，上海或是天津的租界就是西式建築密集的區域。

到了民初，許多軍閥、商人也開始住西式花園洋房，即使是住在傳統四合院中的人，也陸續加裝了自來水、電燈等現代設備。這些改變，在民國初年主要是發生在城市裡，廣大的鄉村地區大多還是過著傳統的生活方式。

洋　房

公寓大廈

另外就是交通工具的改變。我們前面提過，自強運動時西方人開始在清帝國的領土上興建鐵路，引發當時民眾的不滿。但是，隨著時間的推進，大家開始發現到鐵路運輸的便利。

　　以前人出門不是走路，就是騎馬，嬌貴一點的大官或是小姐就坐轎子。這些交通工具的速度都非常慢，但是鐵路上的火車卻是一日千里。城市裡面也開始流行起黃包車、自行車，甚至是汽車，出門坐轎子、騎馬反而成了落伍的象徵。

　　至於衣服、髮型的改變，前面已經說過了，民國之後的人跟今天我們的打扮並不會差太多，基本上都「西化」了，只是流行的樣式和裝扮不一樣而已。

人力轎 （每小時5~6公里）

人力車

（每小時7~8公里）

　　在吃這方面，東西方之間的差異本來就很大。我們主要是以米飯為主食，但西方人則是以麵包、牛排為主食。受到西方文化的影響，晚清民初的租界地區是西式飲食最流行的地方，尤其是在上海，吃西餐成為當時最時尚的社交方式之一。

　　如果真有所謂的時光機，或是時間旅行，你會想要回到傳統的帝國時代嗎？許多我們今天看來平凡的日常，對身在傳統帝國時代的人們是不可解的，回到過去，習慣現代化生活的我們也會非常的不適應。這些差異，是歷史文明的進程一點一滴累積而成的。今日的世界源自於過去，雖然傳統帝國時代演變成現代開始於一連串的戰爭和改革。若是沒有龍神獸和眾多守護者們的努力，怎麼會有今日的世界和生活？

火　車
（每小時80公里）

馬　車
（每小時10~12公里）

汽　車
（每小時50~200公里）

陳昀秀

從小喜愛閱讀，總是喜歡搶先把父親買的新書看過一次。除了讀書、擅長記憶外好像也沒什麼特別的才藝。就這樣，誤打誤撞地考上了臺大歷史系，然後一路念到臺大歷史博士班。身為一個歷史學徒，喜歡歷史長流中每個各具特色的人物，也喜愛深入地了解歷史事件的因果關係。相信唯有透過對過去的了解，才能知道現在與未來何去何從。

徐啟鈞

出生於屏東的小農村，從小過動卻對畫畫十分有興趣。屏東教育大學視覺藝術系畢業後，在家鄉從事兒童美術教育工作，擅長插畫、水彩和油畫。為了精進自己作品的創作及美術教育的能力，背起行囊前往日本京都，就讀造形藝術大學研究所，主修繪本創作。曾多次在臺灣和日本舉辦繪本個展，畢業後選擇留在京都闖蕩，因緣際會下，經營民宿深獲好評，成為京都網路票選第五名之特色民宿。喜愛旅遊，加上經營民宿的關係，得以認識來自世界各地的朋友，因而接觸特殊有趣的異國文化，畫風、用色也更為豐富多元，民宿裡隨處可見充滿臺、日風情的巧思之作。

歷史遊戲王

為小朋友寫的中國歷史，自己就能讀

歷史學者是怎麼和自己的孩子講中國歷史呢？歷史變身為精彩刺激的故事。

文字淺白有趣，兼顧正確，難字附上注音，配合插圖帶出情境，小朋友自己就能親近歷史。

以遊戲來包裝歷史，每一本都不一樣唷

疊疊樂就像遠古先秦時代，古人創造發明文物制度，到了春秋戰國制度崩解的過程。

秦漢～南北朝各路英雄好漢搶奪大富翁地盤，歷史事件、人物如同機會、命運牌，影響歷史發展。